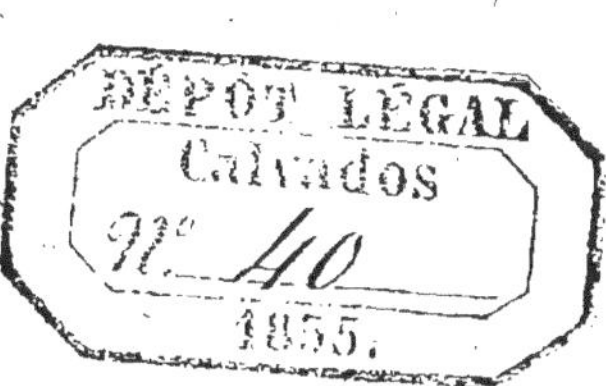

HISTOIRE DE FLERS.

Tiré à 500 exemplaires, dont :

50 sur Raisin vélin,
10 sur Raisin de couleur,
440 sur Carré vélin.

HISTOIRE

DE FLERS,

SES SEIGNEURS, SON INDUSTRIE;

Par M. le Cte. Hector de LA FERRIÈRE,

MEMBRE DE LA SOCIÉTÉ DES ANTIQUAIRES DE NORMANDIE.

PARIS,

DUMOULIN, QUAI DES AUGUSTINS, 43;

AUBRY, RUE DAUPHINE, 46.

CAEN,

HARDEL, IMPRIMEUR-LIBRAIRE, RUE FROIDE, 2;

LE GOST-CLÉRISSE, LIBRAIRE, RUE ÉCUYÈRE, 36.

1855.

Nous faisons amende honorable pour notre premier chapitre consacré en partie aux anciens aveux de la baronnie de Flers ; s'il trouve grâce auprès de quelques archéologues, il paraîtra long et ennuyeux à la plupart de nos lecteurs. Par charité pour nous, nous les engageons à ne pas le lire.

Si nous avons pu donner l'historique de la fabrication des coutils, nous le devons à l'obligeance de MM. Toussaint, Foucault-Desnos aîné, Lesueur et Pringault. Les notes qu'ils nous ont si obligeamment remises nous ont facilité un travail qui, sans leur secours, nous eût été impossible. Nous sommes heureux de les en remercier ici.

M. Retout, contre-maître dans les ateliers de M Toussaint, nous a expliqué tous les perfectionnemens apportés aux métiers à tisser,

1673. — Les chapelles de St.-Nicolas et de St.-Marc. —
Construction de la tour de l'ancienne église. — Construction
de l'église moderne vers 1784. — Les dîmes de Flers, cause
de procès avec l'abbaye de Belle-Étoile. — Droit de patronage et de présentation des barons de Flers aux églises
de Flers, de St.-Georges-des-Groseilliers, d'Aubusson, de
la Chapelle-au-Moine, de St.-Clair-de-Halouse.

Le bourg de Flers, avant sa réunion au diocèse de
Séez, appartenait à l'évêché de Bayeux. En 1789, il
relevait du Parlement de Rouen ; c'était l'une des 17
paroisses comprises dans la sergenterie de Vassy (1) ;
à ce titre, il dépendait de l'intendance de Caen et de
l'élection de Vire.

En 1720, suivant l'historien Masseville, Flers comptait
439 feux ou familles ; en 1765, suivant le géographe
Dumoulin, il n'avait pas dépassé ce même chiffre.

Pour donner un terme de comparaison, Condé-sur-

(1) Paroisses comprises dans la sergenterie de Vassy :
St.-Pierre-d'Entremont, Pierres, Mont-Secret, Fresnes, Claire-
Fougère, Moncy, Cerizy, La Chapelle-Biche, St.-Clair-de-Halouse,
Aubusson, St.-Georges-des-Groseilliers, La Selle, La Basoque, Lan-
disac, Caligny, Montilly.

Noireau, en 1720, suivant Masseville, comptait 540 feux, et en 1765, suivant Dumoulin, 2,739. Dans un rapport adressé à l'intendance de Caen en 1738, la taille de la commune de Flers était évaluée à 9,033 livres ; mais en regard de ce chiffre on observait que le commerce des fils et des toiles, une des sources de richesse de cette commune, étant depuis quelques années en grande souffrance, un dégrèvement d'impositions semblait de toute justice (1).

En 1820, Flers n'avait point encore été érigé en chef-lieu de canton, et dépendait de Messei ; pourtant, ce simple bourg avait atteint déjà le chiffre de 3,337 habitants, et ne tardait pas à atteindre, en 1831, celui de 3,610 (2). Le dernier recensement donne le chiffre de 4,439. En le rapprochant du chiffre pris pour point de départ, de ces 439 feux, limite invariable de la population de Flers pendant tout le XVIIIe. siècle, on mesurera tout l'accroissement de la ville et le développement merveilleux qu'a pris son infatigable et intelligente industrie.

Vers 1780 environ, il n'y avait pas même un bureau de poste aux lettres à Flers ; aucune communication

(1) *Archives du Calvados. Fonds de l'intendance.*
(2) *Annuaires de l'Orne* 1819-1820.

directe n'était alors établie entre Caen et Domfront.
On venait seulement de commencer la route de Flers
à Condé, et, quant à celle de Domfront à Flers, le
passage des torrents la rendait impraticable l'hiver;
il n'y avait encore de pont que sur la rivière de la
Varenne. Dans une requête adressée alors au surintendant des postes pour lui demander un service direct
de Caen à Mayenne par Harcourt, Condé, Flers
et Domfront, on faisait valoir : « que le bourg de
Flers, par lui-même très-commerçant, était entouré
de paroisses également commerçantes ; que le pays
entre Condé et Domfront était à la fois si peuplé et
si accablé d'impôts, que les habitants étaient réduits
à s'expatrier une partie de l'année et à faire toutes
sortes de commerce pour pouvoir subsister » (1).

Flers était indirectement relié à Alençon par une
voie de communication passant par Carrouges, La
Ferté-Macé, La Ferrière, Chanu, et la Chapelle-Biche,
et se prolongeant par Tinchebrai jusqu'à Vire. C'était
celle que suivaient les messageries, tous les fers des
nombreuses forges du Bocage, expédiés à Cherbourg,
Granville et dans tout le Cotentin, et toutes les laines
de la Beauce, destinées à alimenter les manufactures

(1) Pétition du bourg de Flers. *Chartrier du chateau de Flers.*

de draps de Vire. C'était aussi la route que prenaient les troupes en allant de Vire à Alençon et au Mans. La Ferté-Macé était le lieu désigné pour l'une de leurs étapes. Mais cette unique route avait été à demi abandonnée, et dans plusieurs requêtes adressées par M. de Flers, nous voyons que l'on ne put obtenir qu'à grand'peine de l'intendant de la province un modique secours de quelques mille livres pour l'entretien *de ce chemin de charité* (1), ainsi qu'on l'appelait alors.

Flers, de toute ancienneté, avait toujours eu deux halles : l'une, appelée halle boucherie-mercerie, était placée au milieu de la place du marché ; l'autre, appelée halle au blé et aux toiles, sur le bord de la place ou de la grande rue et dans l'alignement des autres maisons. En 1587, Henri de Pellevé avait acquis celle-ci d'un bourgeois de Flers, Guillaume Profichet, en lui cédant en échange une portion de terre derrière sa maison (2).

La loi du 28 mars 1790 ayant supprimé le droit de

(1) Le fonds de charité, par arrêt du Conseil, accordé pour les années 1781-1782-1783, se montait à la somme de 3,000 livres. — M. de Flers était tenu d'y ajouter un tiers. — *Chartrier du château de Flers.*

(2) Jouxte une rue appartenant à la famille *Profichet* et en portant le nom.

halles, et imposé aux propriétaires l'obligation de les vendre ou de les louer aux municipalités ; en l'an III de la République, le 4 ventôse, le Conseil général de la commune de Flers, représenté par le citoyen Morieux, maire, offrit 200 livres de location au citoyen Paul Ango, qui en demandait 1,200 livres (1).

Les troubles qui survinrent ne permirent pas de donner suite à cette transaction. La commune continua à jouir de ces halles jusqu'en l'an XI de la République, où le maire d'alors, M. Julien Amiard, traita amiablement avec M. Ango, de Flers, qui, moyennant certaines réparations par lui acceptées, rentra pour neuf ans dans la *jouissance tarifée des droits de halle* (2). En 1790, la halle-boucherie avait trois rangs d'étaux,

---

1) En l'an III de la République, le Conseil-Général de la commune de Flers se composait avec le maire, des citoyens Amiard, agent national ; Vallée, officier ; Mousset, officier ; Prince, notable ; Graindorge, notable ; Brisset, notable ; Douesy, notable ; Rique, notable ; Le Sage, notable ; Bruyant, notable ; Forget, notable. *Chartrier du château de Flers.*

(2) Tarif de l'an XI : « Dix centimes pour chaque somme de « grain ; cinq centimes pour chaque pièce de marchandises entrant « dans la halle aux toiles ; neuf francs par an, par chaque mètre des « étaux de bouchers et de merciers. » *Chartrier du château de Flers.*

occupés deux fois par semaine par huit ou dix bouchers et par huit ou dix merciers. La halle aux toiles n'était ouverte qu'une fois par semaine, le mercredi.

Le 27 août 1636, le greffe de la seigneurie de Flers fut échangé par Louis et Pierre de Pellevé avec Pierre Godouet, contre la pièce du Haut-Clos, située dans la paroisse de Flers. — Le 18 mai suivant, la sergenterie de Flers fut cédée par Louis de Pellevé à Louis Le Page en échange de la terre des Crouttes.

En 1695, la sergenterie et le greffe de Flers étaient estimés, comme valeur capitale, à 5,000 livres, et appartenaient à Gilles Onfroy et à Louis Le Page.

La prospérité de la naissante ville peut s'apprécier par le prix toujours croissant des terrains. Dans le centre de la ville, une perche carrée de superficie ne vaut guères moins aujourd'hui de 4 à 5,000 francs. Si l'on veut connaître ce que valait cette même perche de terrain au XVIIe. siècle, voici quelques chiffres qui n'ont qu'un intérêt de curiosité :

« En 1616, une perche 2 pieds de terrrain à
« prendre au bout de la halle du bas de Flers, joi-
« gnant d'un côté la grand'rue St.-Germain tendant de
« Flers à Domfront, de l'autre le cimetière de Flers,
« furent fieffés à Richard de Launay, médecin de la

« paroisse d'Echalou, pour 11 sols de rente annuelle
« et une poule (1).

« En 1611, vingt perches pour emplacement de
« maison furent fieffées à Germain Hue, cordonnier
« et bourgeois de Flers, pour une rente annuelle de
« 22 sols 6 deniers et une poule ; — en 1660, trois
« perches, tout contre le chemin de la Fontaine-St.-
« Germain, pour 15 sols et une poule de rente (2). »

Le nombre des inféodations faites au XVIIe. siècle
fut très-considérable ; cette époque peut être prise
pour le point de départ de l'accroissement du bourg
de Flers (3).

A la seigneurie de Flers appartenait le droit de
moyenne-justice, droit s'étendant sur cinq paroisses :
Flers, St.-Clair-de-Halouse, La Chapelle-Biche, Aubusson, et St.-Georges-des-Groseilliers (4).

A toutes les époques le bailliage de Vire chercha à
empiéter sur les droits de la seigneurie de Flers ; ce

(1) *Chartrier du château de Flers.*

(2) *Idem.*

(3) Voir à l'*Appendice*, l'état des maisons construites à Flers,
depuis 1850.

(4) On ne trouvera d'exemple de droit de moyenne-justice que
celui de l'abbesse de Caen dans le faubourg de St.-Gilles, et que
celui de l'abbé de Jumièges et du sénéchal de St.-Lo.

fut là une cause de rivalité permanente dont la maison de Pellevé, ainsi que nous le verrons plus tard, subira les fâcheuses conséquences.

Par une première sentence du 5 juillet 1608, le bailliage de Vire annula une sentence rendue par Pierre Rabâche, sénéchal de la seigneurie de Flers. Le 18 juin de la même année, sous prétexte d'incompétence, il lui fit défense de prendre la qualité de maître des eaux et forêts de Flers.

Un premier arrêt de la Cour du Parlement de Rouen, rendu sur l'appel de Nicolas de Pellevé, annula le jugement du bailliage de Vire, et maintint le comte de Flers dans la possession du droit de juridiction, et de connaître par son sénéchal des délits commis dans les forêts de sa seigneurie, et de tous les cas prévus par les aveux de ses tenanciers (1).

Cette décision, si importante pour la seigneurie de Flers, était motivée sur les aveux rendus au roi par les seigneurs de Flers, depuis le 2 juillet 1496; sur les arrêts rendus par les sénéchaux de Flers depuis 1540,

(1) Voici les noms de quelques sénéchaux ou baillis de Flers : 1608, Pierre Rabâche ; 1631, Eléazar de Prépetit; 1657, Louis Le Mouton, écuyer; 1674, Thomas du Roussel ; 1700, François de Bardel; 1717, Charles des Ramées ; 1776, Guy de Vaux, sieur de la Motte; 1788, L. Morieux.

et sur les arrêts confirmatifs de la Table de marbre du Palais de Rouen.

Au commencement du XVIIIe. siècle, le procureur du roi de la maîtrise des eaux et forêts de Vire, revenant à la charge, voulut faire annuler une décision de François de Bardel, bailli de Flers, pour raison de la vente et adjudication d'une partie de la forêt de Halouse, et lui fit aussi défense *de connaître* à l'avenir *d'aucunes matières concernant les eaux et forêts* (1).

La guerre à coups d'assignations et de requêtes s'engagea comme de plus belle. Par un arrêt du Conseil d'État en date du 20 octobre 1703, M. de Flers, victorieux de nouveau, fut maintenu dans tous ses droits. Ce n'était, au reste, qu'une trève : en 1734, le procès fut repris par les officiers de Vire. Ce droit de moyenne-justice, comme nous le dit Basnage dans son Explication de la Coutume, n'était que très-imparfaitement déterminé. On traita même, dans cette dernière procédure, de la question de savoir s'il y avait des moyennes-justices en Normandie, la Coutume n'en faisant aucune mention. Il fut dit, par l'arrêt de février 1734, que l'on s'en rapporterait aux aveux du comte

---

(1) *Chartrier du château de Flers. Voir Basnage.*

de Flers, et que son droit de justice serait limité et précisé par ses propres déclarations.

En regard des droits du seigneur suzerain, viennent naturellement se placer les devoirs et les services de la bourgeoisie de Flers.

Les bourgeois de Flers (je prends ces renseignements dans un aveu de 1723) (1) étaient tenus à une journée de *huée* ou de chasse dans la forêt de Halouse, en compagnie du seigneur et des autres bourgeois;

Sujets au *ban* du moulin de Flers et à ses réparations (2);

A certaines corvées pour le *fenage* des prés de la chaussée de la Motte et du clos Simon, et *quand ils y ont aidé devaient avoir à dîner;*

Tenus de payer par chaque an, au jour de la Saint-Jean-Baptiste, et par chaque bourgeoisie, douze deniers tournois de rente pour *estre quittes* du fenage du pré du domaine ancien, assis entre l'étang de Flers et le chemin de la Chapelle-Biche;

(1) *Chartrier du château de Flers.*

(2) Chaque moulin avait dans sa dépendance une certaine étendue de territoire ; c'était ce qu'on appelait son ban. Les corvées étaient le plus souvent dues par les hommes sujets à la moute et qui profitaient du moulin. Delisle, *Etudes sur la classe agricole en Normandie*, p. 520.

Tenus de payer deux deniers le jour de Saint-Georges pour être francs et quittes de toute coutume (1).

Ils étaient quittes de tout treizième en lesdites bourgeoisies, en payant quatre deniers tournois pour chaque vente d'héritages en ladite bourgeoisie (2);

Tenus d'assister et garder les malfaiteurs pris et amenés en ladite bourgeoisie, et, après les avoir gardés nuit et jour, tenus de les livrer à la justice à l'issue de ladite bourgeoisie.

Enfin ils étaient tenus d'envoyer leurs enfans aux écoles dudit seigneur.

Nous nous réservons de dire ce qu'étaient ces écoles, en parlant des seigneurs de Flers.

C'est ici le lieu de mentionner les devoirs auxquels etaient astreints les divers possesseurs de masures,

(1) Ce droit était beaucoup moins élevé que dans la baronnie de *La Ferté-Macé*, dont les tenanciers payaient, suivant le papier terrier de l'année 1586, six deniers le prochain jour après Noël, et deux deniers le jour de la St.-Maurice, pour être francs et quittes de toute coutume. *Papier terrier de la vicomté de Falaise. Bibliothèque impér.*

(2) La vente d'un tènement donnait lieu à un droit pour le seigneur, sorte de droit de mutation. Dès le XIIIe. siècle, les Normands l'appelaient treizième. Voir Delisle, *Études sur la classe agricole*, p. 68.

d'aînesses ou vavassories, dépendantes des fiefs dont la réunion composait la baronnie de Flers (1).

Mais d'abord faisons connaître les noms de ces fiefs :

— Le fief de la Grande-Verge, dont faisait partie le bourg de Flers;

— Le fief de Gasprée, possédé dès 1466 par l'ancienne maison de Scepaulx, et dont la motte se trouvait dans le pré dit encore de Gasprée (2) ;

— Le fief de Montagnoux (3) qui avait pour limites la

(1) Vavassorie ou aînesse, terre roturière dont la condition se rapprochait le plus des terres nobles. Subdivisible à l'infini. Toutefois les seigneurs n'avaient jamais affaire qu'à un seul, responsable pour tous les autres, et qu'on appelait l'*aîné*.

(2) Il appartient à M. Foucault-Desnos aîné ; on y retrouve encore quelques vestiges de l'ancien château et de l'emplacement des douves. Le 21 septembre 1466, messire de Scepaulx, chevalier, conseiller et chambellan du roi, notre sire, seigneur de St.-Brice et dudit lieu de Gasprée, donne en fief et à bail à Jehan Bertin, Richard et Raoulin Doubley, fils de Jehan Doubley, de la paroisse de Landisac, tels héritages comme il peut appartenir audit seigneur dans la vavassorie de la Mancelière, située dans la commune de la Chapelle-Biche, et mouvante de ladite seigneurie de Gasprée, pour 50 sols tournois de rente. Cette *vavassorie jouxte le ruisseau du Guey-Huerte* et les terres de la Beguinière. (*Chartrier de Flers*).

(3) Voici les noms des diverses masures comprises dans le fief de

forêt de Halouse et la rivière de Buhéré, et s'étendait d'un côté dans la commune de la Chapelle-au-Moine, et de l'autre dans les paroisses de la Selle et de Messei ;

Mon'agnoux, et les noms de ceux qui les possédaient au XVIIe. siècle :

La masure de la Melinière, 42 acres. Mathieu Hébert ;

Masure de la Roustière, 36 acres. Julien Châtel ;

— de la Garnerie, 40 acres. Id. ;

— de la Crochère, 40 acres. Robert Garnier ;

— de la Marière, 32 acres. Veuve Robert Prevost ;

— de la Herbotière. Marin Hélie ;

La Ferronnerie. La veuve Robert Hélie de la Feronnerie ;

De la Jossière. Jacques Delaunay ;

De la Jenhière. Michel Jean, 21 acres ;

De la Petitière. Guillaume le Bailly, 80 acres :

De la Hyzière, 32 acres. Robert Jean ;

Du Caillou, 36 acres. Jean Moussel ;

De la Chapelle-au-Moine. Morin Helloin ;

Du Boullet, 21 acres. Jacques Rivière ;

La Cour de Montagnoux. Robert du Mesnil ;

La Masure de Vaultourneur, 10 acres. David Doynel ;

Du Vaux-Michel. Louis Doynel ;

La moitié du domaine de Montagnoux. Le sieur des Pilières, et l'autre moitié. G. Doisnel ;

De la Maraisière, 31 acres. Le sieur des Pilières ;

Le fief de Montagnoux. 6 acres.

(Chartrier du chateau de Flers.)

— Le fief de la Ribletière ;

— Le fief de la Bunèche (paroisse de la Chapelle-Biche);

— La vavassorie de la Pommeraie, mouvante du fief de la Grande-Verge, de la contenance d'environ 102 acres, et tenue noblement, en 1403, par Pierre de Nantrieul (1) ;

— Le fief de l'Orsonnière.

Il suffira de citer un seul aveu, sauf à extraire des autres les clauses exceptionnelles qui pourraient s'y rencontrer.

Nous avons recours à un aveu de 1746, rendu par Maître Pierre Delaunay, prêtre, pour une aînesse nommée La Fournière, assise en la paroisse de Flers, d'une contenance de 66 acres et mouvante de la seigneurie de Gasprée. — Ledit aîné et ses puînés étaient tenus au service de *Provosté* en leur rang et degrés (2);

Sujets à répandre l'herbe dudit lieu de Gasprée, et

(1) *Chartrier du chateau de Flers.*

(2) Le prévôt veillait à la conservation des droits de son seigneur, recevait ses rentes et prévenait ses hommes des services qu'ils avaient à rendre. Tantôt le prévôt était fieffé, tantôt le seigneur prenait un de ses hommes qui ne pouvait se dispenser d'être son prévôt pour un an. Ailleurs, c'étaient les hommes du fief qui élisaient le prévôt. L. Delisle, *Études sur la classe agricole*, p. 105.

à faner dans la compagnie des autres hommes de ladite seigneurie, et doivent avoir leurs dépends, savoir :
à dîner (1);

Sujets à amener les gerbes, en août, avec telles
bêtes qu'ils auront;

Sujets à deux journées de harnois pour la charrue,
l'une à *hivernage* et l'autre à *tremois* (2);

Sujets à curer et réparer les fossés de la Motte de
Gasprée;

Sujets au moulin bannal de Hariel et à toutes les
corvées des autres banniers (3);

Sujets à fournir une brebis pour *brébiage*, de trois
ans en trois ans (4); et doivent ledit aîné et ses puînés
amener leurs brebis en une étable, et ledit aîné choi·

(1) Dit droit de *fénage*.

(2) On appelait les blés semés au commencement de l'hiver, *hivernage*; ceux semés en mars, *tremois*.

(3) Le 28 septembre 1478, messire François de Scepaulx, sieur
de St.-Brice, loue l'emplacement du moulin Hariel, sur la rivière
de Verette, au sieur Jehan Coypel, pour le prix de 70 sols tournois
de rente. (*Chartrier du château de Flers.*)

(4) A Verson, en 1247, l'abbé du Mont-St.-Michel prenait la
plus belle brebis du troupeau après que le propriétaire en avait
mis deux de côté. Voir L. Delisle, *Études sur la classe agricole,*
p. 64.

sir la première, et ledit seigneur ou son procureur choisir ensuite la brebis qui lui est due et son agneau ;

Sujets à la rente d'avenage, et pour chaque bête chevaline deux boisseaux d'avoine, et pour chaque bœuf un boisseau, mesure de Flers (1) ;

Sujets aux reliefs, *treizième* et *aide coutumier*, au *gage-pleige*, *court* et *usage*. Exempts de fournir des huées pour la chasse et des redevances aux forestiers de Halouse, à l'exception d'une journée de huée, et parce qu'ils ont renoncé, en 1670, aux droits qu'ils ont dans les forêts (2).

Dans un aveu, rendu, en 1674, par David Bisson, pour l'aînesse de la Crochère, assise en la paroisse de Flers, nous avons relevé encore d'autres services que nous ne croyons pas devoir laisser de côté.

Les aînés et les puînés de la Crochère étaient tenus à un service de *bûchage* dans la forêt de Halouse (3) ;

(1) Ce droit se payait plus particulièrement pour l'exercice de certains droits dans les forêts, les landes et marais. L. Delisle, *Études sur la classe agricole*, p. 66.

(2) Dans la forêt de Halouse, au XVIIe. siècle, on chassait le cerf, le sanglier, le chevreuil. (Aveu de 1664, *Chartrier du château de Flers.*)

(3) Dans certains cantons on appelait ce droit *buscage*. C'était l'obligation de transporter le bois : « *Font service de bouchage* à

Tenus par chacun an envers les forestiers à deux gerbes de seigle, deux gerbes d'avoine, à une geline et à un pain de deux deniers, à Noël ;

Tenus, quand ils marient leurs enfants, à donner aux forestiers une paire de gants du prix de six deniers, ou à dîner le lendemain, à leur choix.

Ils avaient droit, quand ils mariaient un de leurs enfants, de prendre en ladite forêt *un fou,* sans payer aucune amende, et pour ce, « ils devaient au seigneur « un plat de *telle viande, pain et pot de sidre, tel qu'il* « *sera dépensé au banquet des nopces* (1) ; »

« Droit de prendre en ladite forêt tout bois mort et « mort bois, rompu, vollé, coupé par pied, fors qu'on « *en ait osté deux pieds et demy par devers le bas,* sans « en payer aucune amende ; »

Droit de prendre tout bois pour leur *amesnagement;*

Tenus, enfin, d'envoyer leurs enfans aux écoles dudit comte de Flers.

Dans la vavassorie de la Pommeraie, celui des tenanciers qui se mariait le dernier, avant le jour de carême-

---

« tel hernoys, comme ils ont , et les autres, qui n'ont hernoys, « font service de couper et de dépécer les boys. » Aveu de Louis de Crux, cité par L. Delisle, *Études sur la classe agricole,* p. 76.

(1) *Chartrier du château de Flers.*

prenant, était tenu d'acheter une boule de cuivre et de
la porter ledit jour au château de Flers.

Dans un aveu du fief de la Bunèche (paroisse de la
Chapelle-Biche), nous trouvons encore que les tenanciers de la masure de Lépinardière étaient sujets à retenir et à payer la coutume du *levage* ou *desaissie* du
trousseau de leurs filles, quand elles se mariaient hors
dudit comté (1).

Tel est le résumé des divers services et devoirs
que nous avons relevés dans les aveux de la baronnie de Flers. Nulle part, soit dans le dépouillement consciencieux que nous en avons fait, soit dans
les nombreux aveux de la vicomté de Domfront qui
ont passé sous nos yeux, nous n'avons trouvé trace de
ces prétendus droits immoraux, dont la fausse érudi-
tion du XVIIIe. siècle a fait tant de bruit. L. Delisle,
après avoir consulté des milliers de chartes pour son
livre sur les classes agricoles (qui lui a valu l'un des
prix Gobert), se croit autorisé à nier l'existence réelle
et légale de ces prétendus droits immoraux. « Si d'ail-
« leurs, dit-il, ils eussent été généralement consacrés
« par l'usage, l'Église aurait-elle gardé le silence, et
« ne verrions-nous pas dans les canons des conciles les

____

(1) *Chartrier du château de Flers.*

« anathèmes lancés contre des hommes dépravés, dont
« les désordres eussent à peine trouvé des précédents
« au milieu de la corruption païenne ?

« Il s'était introduit, ajoute-t-il, des singularités,
« des pratiques bizarres dans les rapports du tenancier
« avec son seigneur, mais il ne faut pas perdre de vue
« que ces mêmes singularités se rencontrent dans les
« rapports de seigneur à suzerain ; bien plus, ces bi-
« zarres obligations étaient parfois à la charge des sei-
« gneurs et au profit de leurs tenanciers (1). »

S'il était besoin d'autres témoignages, c'est aux col-
lègues de L. Delisle, c'est à ces savants élèves de
l'École des chartes que nous nous adresserions.
Tous nous diraient, comme l'un d'eux, notre compa-
triote, Charles de Beaurepaire, « que ces pratiques qui
« font pitié à notre siècle, si chatouilleux et si suscep-
« tible quand il s'agit de la dignité humaine, ne pro-
« duisaient pas le même effet sur l'esprit moins cultivé
« de nos pères. Alors tous riaient, sans mal y prendre,
« de ces naïfs usages, et n'y voyaient rien de dégradant
« pour quiconque s'y soumettait. N'étaient-ce pas d'ail-
« leurs, la plupart du temps, les monuments des droits et
« des devoirs, et ces pratiques grotesques n'avaient-

____

(1) L. Delisle, *Études sur la classe agricole*, p. 75 et 89.

« elles pas par cela même l'inappréciable avantage
« de se graver dans la mémoire d'innombrables té-
« moins? (1) » Nous ajouterons que c'était le moyen
d'éviter de nombreux procès à l'occasion des limites
des divers fiefs, qui se trouvaient ainsi irrévocablement
déterminées.

Les grands propriétaires ruraux, comme l'a fait remarquer L. Delisle, dans ce même ouvrage sur les
classes agricoles, et comme nous venons de l'observer,
se passaient de serviteurs loués à l'année, d'ouvriers
loués au jour. En inféodant certaines parties de terres, ils
s'étaient successivement réservé le nombre de journées, soit d'hommes, soit de chevaux, nécessaires pour
leur propre exploitation, dans la partie réservée de
leurs domaines. La terre donnée en fief, le fonds cédé
devait la corvée; mais la corvée toujours fixe, invariable et rachetable à prix d'argent. Pour résumer,
c'était l'estimation en travail d'une primitive cession
de terre. Aussi, L. Delisle, sur l'autorité duquel nous
aimons à nous appuyer, est-il encore amené à con-
clure : « que nulle part on ne retrouve en Normandie
« les traces de cet antagonisme, qui, suivant des
« auteurs modernes, régnait entre les différentes
« classes de la société, au moyen-âge. Les rapports

(1) *Bibliothèque de l'École des chartes.*

« des seigneurs avec leurs hommes n'y sont point en-
« tachés de ce caractère de violence et d'arbitraire
« avec lequel on se plaît souvent à les décrire. Dès le
« XIe. siècle, le servage a disparu de nos campagnes.
« A partir de cette époque, il subsiste encore dans
« bien des redevances et des services personnels ;
« mais le plus grand nombre est attaché à la jouissance
« de la terre (1). »

L'église de Flers est placée sous l'invocation de St.-
Germain : *Ecclesia sancti Germani de Fleris* (2). Ce
vocable indique une bien ancienne origine. Notre
savant collègue, dont le nom seul fait autorité, M. Le
Prevost, ne regarde pas comme accidentelle la con-
sécration, sous le nom du saint évêque d'Auxerre, d'un
grand nombre d'églises dans la partie du Lieuvin qui
appartenait à l'ancien évêché de Lisieux. Il veut y voir
quelques traces du passage de saint Germain dans nos
contrées, soit lorsqu'il y vint pour intercéder en faveur
de leurs malheureux habitans auprès des chefs
barbares ou romains, soit lorsqu'il les traversa pour
se rendre en Angleterre ; il rapporte toutes ces fon-

(1) L. Delisle, *Études sur la classe agricole.*

(2) Voir, dans l'*Appendice*, la liste des curés de Flers depuis
1490.

dations au siècle qui suivit la mort du saint, alors que les traditions de ses immenses bienfaits étaient encore toutes vivantes (1). Ne peut-on pas soutenir la même hypothèse, avec autant de vraisemblance, pour cette partie de la Basse-Normandie? En effet, ne suffit-il pas de rappeler que l'église de Tallevende, la plus ancienne des églises des environs de Vire, que celle de St.-Germain-du-Crioult, proche Condé, que celle de St.-Germain-d'Argentan, et d'autres encore dans un rayon très-rapproché, ont été, aussi bien que celle de Flers, placées sous le patronage du bienfaiteur des populations Gauloises?

Flers a aussi sa légende dont la tradition fidèlement transmise est venue jusqu'à nous.

Ne dédaignons pas la légende, cette poésie populaire peuplant nos bois, nos campagnes de ses capricieuses fantaisies, ne la dédaignons pas : presque toujours elle nous conserve le souvenir de quelque fait histo-rique dès long-temps perdu et oublié, si elle ne l'avait à jamais fixé dans nos mémoires, en lui prêtant cet

(1) Saint Germain, évêque d'Auxerre, qui protégea les cités armoriques contre la rapacité d'Eocaric, roi des Alains, mourut au milieu du Ve. siècle. Voir Le Prevost, *Histoire de St.-Martin du Tilleul*, p. 13.

attrait indéfinissable du merveilleux et du surnaturel qui séduira toujours nos imaginations.

Donc près de la ville de Flers, se trouve un bois au milieu duquel l'on peut voir encore un petit étang. C'était là qu'était placé, nous dit la légende, il y a bien des années, un couvent fondé par un pécheur repentant. Durant les premiers temps, les moines y menèrent si sainte vie qu'ils édifièrent toute la contrée par leurs exemples. Mais ils s'écartèrent peu à peu de la règle : les chants profanes remplacèrent les pieux cantiques; l'esprit du mal hanta la sainte maison, et les joies mondaines en franchirent le seuil (1).

Or, une nuit de Noël, alors que tous les fidèles pieusement agenouillés saluaient de leurs chants la venue du Christ, les moines, au lieu d'aller à l'église, restèrent au réfectoire; à l'heure de minuit, tous étaient encore là, le verre à la main, même le frère sonneur. Tout à coup la cloche sonne d'elle-même, lentement d'abord, puis à rapides volées, et d'un son si extraordinaire que les fidèles au loin en furent tout saisis. Le silence se fait au réfectoire, les moines pâlissent, le verre s'arrête sur leurs lèvres; mais un plus témé-

______

(1) Nous nous sommes servi de la version donnée par Mlle. Bosquet dans sa *Normandie romanesque.*

raire, plus impie que les autres, s'écrie : « Entendez-
« vous la cloche, frères ? Christ est né ; allons ! une
« rasade à sa santé ! » Tous élèvent leurs verres, mais
pas un n'a le temps de boire, un éclair brille à travers
les vitres ; un coup terrible de tonnerre frappe le
couvent, les murs massifs s'ébranlent, la terre s'entr'ouvre, et moines et couvent, l'église et le clocher,
tout disparaît dans l'abîme.

Les paysans qui venaient à la messe de minuit, ne
trouvèrent que le petit lac, dont l'eau bouillonnait
encore, et au fond duquel on entendit le son d'une
cloche jusqu'à la première heure du matin.

Chaque année, la nuit de Noël, les cloches s'agitent
encore au fond du lac et des profondeurs de l'abîme
s'élèvent les chants des moines : ils ne cessent qu'avec
l'aurore.

La donnée de cette légende est vraie : en effet, il
y avait bien réellement dans le bois de Flers un
ermitage dont Louis de Pellevé, en 1637, fut le
bienfaiteur. En voici du reste la preuve : c'est un
contrat en date de 1639, par lequel Thomas Martin,
religieux ermite et frère supérieur, du consentement
de frère Philippe Chandelier et de frère Jean Huzard,
religieux ermite profès de l'ordre de saint Jean-Baptiste, choisit pour leur chapelain et confesseur maître

Jehan Dumesnil de la paroisse de Flers, avec charge de célébrer les messes portées dans le contrat de donation de Louis de Pellevé (1), et de célébrer la sainte messe les dimanches et les jours de fêtes de tous leurs bienfaiteurs.

La donation de Louis de Pellevé, en date du 30 août 1637, était primitivement de 250 livres de rente annuelle, affectée sur la grosse forge de St.-Clair de Halouse. Plus tard, les fermes du Costil-Douesnel et de la Petite-Haie furent données au lieu et place de cette rente.

En 1673, l'évêque de Bayeux supprima l'ermitage, et sécularisa les deux chapelles de St.-Nicolas et de St.-Marc; elles continuèrent cependant à jouir de la donation de Louis de Pellevé. En 1680, M. Raux en

______

(1) « Je soussigné Jean Dumesnil, prestre, qui confesse avoir eu
« et reçu de frère Thomas Martin et de ses confrères, hermites de
« l'hermitage de St.-Jean-Baptiste, situé en la paroisse de Flers,
« diocèse de Bayeux, savoir : la somme de vingt-cinq livres tournois
« pour avoir et dit et célébré les messes, suivant le contrat et con-
« cordat fait entre eux, des deux quartiers derniers échus qui com-
« mençoient au premier jour de janvier dernier passé, dont je le
« tiens quitte. Le tout fait sous mon signe, le septième jour de
« juillet mil six cent quarante-deux. » Dumesnil. *Chartrier du château de Flers.*

était chapelain. Ce fut lui qui plaida au bailliage de Vire, à l'effet d'obtenir que les deux fermes de la Haie et du Costil-Douesnel fussent distraites de la saisie de la terre de Flers, qui eut lieu à cette époque, comme nous le verrons plus tard. Je n'ai pu retrouver s'il obtint gain de cause. Vers 1782, la chapelle St.-Jean servait d'église paroissiale au bourg de Flers (1). Aujourd'hui, il ne reste plus des deux chapelles qu'une vieille statue de saint Marc portée dans l'unique église de Flers et dont on a fait un saint *Marcouf.*

Nous ne savons rien de la primitive église de Flers si ce n'est que, le 17 août 1689, le sieur Lefêvre des Chenaillers, adjudicataire du revenu et de l'usufruit du comté de Flers (par suite de la saisie qui en avait eu lieu), abandonna, pour aider à bâtir la tour de l'église, la coutume dudit lieu de Flers et celle de la halle aux toiles, à commencer dudit jour jusqu'au premier octobre suivant (2).

Un pouillé manuscrit du diocèse de Bayeux rédigé vers 1784 ou 1785, nous apprend qu'en cette année

(1) Pouillé manuscrit de Bayeux. *Bibliothèque des Antiquaires de Normandie.*

(2) Archives du Calvados, *Fonds de l'Intendance.* Voir à l'*Appendice.*

l'on bâtissait une église neuve, et que la chapelle St.-Jean, du haut du bourg, servait à cette époque d'église paroissiale. Le presbytère fut bâti en 1776 (1).

Les dîmes de Flers furent l'occasion d'interminables procès entre le curé et l'abbaye de Cérizy-Belle-Etoile. Ces contestations, que nous reléguons à l'*Appendice* de peur de fatiguer nos lecteurs, jettent quelque jour sur le passé de la ville et sur ses premiers seigneurs (2).

Le droit de patronage et de présentation de l'église de Flers appartenait au baron de Flers, qui, en outre, avait le droit de présenter au bénéfice de la chapelle du château, aux cures d'Aubusson, de St.-Georges-les-Groseillers, de la Chapelle-au-Moine et de St.-Clair-de-Halouse. Pour ces deux dernières communes, ce droit était alternatif avec le possesseur du fief *de la Buneche* (Chapelle-Biche) (3).

(1) *Bibliothèque des Antiquaires de Normandie.*

(2) Voir l'*Appendice.*

(3) Aveu de Nicolas de Pellevé, *Chartrier du château de Flers.* Voir l'*Appendice.*

CHAPITRE II.

Foulque d'Aunou, premier seigneur de Flers. — Son origine.
— Il suit Henri II au siége de Limoges, en 1183. — Séquestre mis sur ses biens. — Il est réintégré dans leur possession, en 1184. — Thomas d'Aunou, seigneur de Flers, en
1277. — Hugues d'Aunou, le dernier de ce nom, cité dans
les chartes de Silli. — Robert d'Harcourt hérite, par Jeanne
de Prunelai, des biens de la maison d'Aunou. — Robert
d'Harcourt, cinquième du nom, prend le titre de baron de
Flers. — Il en donne aveu, en 1383. — Sa mort à la bataille
de Nicopolis. — Robert d'Harcourt, sixième du nom, seigneur
de Flers. — Sa mort. — Marie d'Harcourt, sa tante, en hérite.
— Raoul de Grosparmy, seigneur de Flers, en 1404. — Le
cardinal de Grosparmy. — Sa vie. — Sa mort, en 1470. —
Nicolas de Grosparmy, seigneur de Flers. — Jehan de Grosparmy, son fils, seigneur de Flers. — Il laisse deux filles. —
L'aînée, Jeanne de Grosparmy, promise à François d'Orso-

muliers. — Le mariage est rompu. — François Ier. donne la garde des mineures Anne et Jeanne de Grosparmy à Richard de Pellevé. — Il permet à la veuve de Richard de Pellevé de les marier à ses deux fils Jean et Henry de Pellevé.

Il est temps d'arriver à l'histoire des seigneurs de Flers.

Le premier possesseur de la terre et seigneurie de Flers que l'on puisse citer avec quelque certitude est Foulque d'Aunou.

(1)

Il en est fait pour la première fois mention dans les grands rôles de l'Échiquier de 1180, commme débiteur envers la couronne de 117 livres 17 sols 6 deniers,

(1) Armes d'Aunou : d'argent à la fasce de gueules, accompagnée de trois aigles de même.

par suite d'une fin ou transaction pour la terre de Flers (1).

Il descendait de Foulque d'Aunou, premier du nom, qui arma 40 vaisseaux pour la conquête d'Angleterre (2), lequel était l'un des cinq fils de Baudric le Teuton, venu en Normandie avec son frère Wiger, et qui épousa la nièce de Gislebert, comte de Brionne, neveu du duc Richard (3).

Notre seigneur de Flers devait, pour le service du fief d'Aunou, quatre chevaliers, et pour son propre service, vingt-quatre chevaliers (4). Il avait épousé Agathe, fille de Payen (5), et suivit Henri II au siége de Limoges dont les bourgeois avaient pris parti

(1) Fulco de Alno 117 lib. 17 sol. 6 den. de remanente finis sui *pro terra de Flers*. Grands Rôles. *Antiq. de Normandie*, t. XV, p. 8.

(2) *Manuscrit anonyme de Taylor*, p. 219.

(3) Gislerbertus, comes Brionnæ, nepos Ricardi ducis Normannorum, Baldrico Teutonico neptem suam in conjugium dedit, ex qua nati sunt sex filii : Nicolaus scilicet de Baschevilla, et *Fulco de Alnou*, etc. Orderic Vital, *édit. Le Prevost*, t. *II*, p. 75.

(4) Fulco de Alnou iiii milites et ad servitium suum xxxiii. Houard, *Coutumes Anglo-Normandes*.

(5) Voir, à l'*Appendice*, la charte dans laquelle il est fait mention d'Agathe, fille de Payen.

pour Henri-le-Jeune, révolté contre son père (1).

Commencé le 1er. mars 1183, ce siége dura jusqu'à la fin du mois de juin suivant. Dans cet intervalle, Foulque d'Aunou dut se permettre quelqu'allusion maligne sur la durée du siége ou sur la querelle d'Henri et de son fils, car les Grands Rôles nous disent que ses biens furent séquestrés pour de méchans propos tenus à Limoges (2). La modicité de la somme que porta en recette Guillaume de Cardif, gardien du séquestre (14 livres 15 sols), donne lieu de supposer que la saisie en fut promptement levée. Nous le croyons d'autant plus que, l'année suivante (1184), Foulque d'Aunou fit avec Henri II une transaction de 100 livres, probablement pour obtenir de rentrer dans ses terres. (3).

(1) Voir Geoff. de Vigeois, Robert du Mont, *Histor. de France*, t. XVIII, p. 335.

(2) Ricardus de Cardif reddit compotum de xiv libris xv solidis de exitu terre Fulconis de Alnou dum fuit in manu regis *pro stultiloquio* apud Lemovicum (Limoges).

Grands Rôles de l'Echiquier *Antiqu. de Normandie*, t. XVI, p. 110.

(3) *Rôles de l'Echiquier*, t. I, p. 115.

En 1195, Robert de Saint-Loier fit compte à l'Echiquier du reste des revenus de la terre de Foulque d'Aunou à *St.-Julien et à Flers*.

Rôles de l'Echiquier, t. I, p. 213; c. f., t. XI, p. 392.

Nous attribuons sans hésitation à Foulque d'Aunou
la charte sans date, par laquelle il est donné au prieuré
du Plessis-Grimoult les dîmes de la *Folletière* et du
Buisson-Corbin, villages qui dépendent de la paroisse
de Flers; telles qu'Osmond de Flers, prêtre, les tenait
de Robert, fils de Pierre, et telles, ajoute la charte,
que Robert et mon père les ont données en ma présence (1). Cette charte est précieuse pour notre
histoire locale, puisqu'elle nous permet de compter
parmi les possesseurs de la terre de Flers, le père de
Foulque d'Aunou, qui vivait en 1141, et qui, de concert
avec ses deux fils Foulque et Hugues, concéda à l'abbaye de Silli la terre de Chaumont dans le Lieuvin (2).

En 1195, suivant les rôles de l'Echiquier, l'héritier
de Foulque d'Aunou était redevable de 32 livres pour
le service de quatre chevaliers. — En 1198, Etienne
du Perche était redevable de la même somme pour
l'aide de l'ost du fief de Foulque d'Aunou. C'est ce qui
a amené M. Stapleton, dans ses observations sur les
rôles de l'Echiquier, à conjecturer que Foulque d'Aunou devait être mort en 1195, et que la garde de son
héritier avait été confiée à Etienne du Perche. Cet
héritier, nommé Foulque comme son père, reconnut

(1) Voir à l'*Appendice*.

(2) Léchaudé, *Extrait des chartes du Calvados*, t. I, p. 442.

Philippe-Auguste, et siégea à l'assise de Falaise, en 1207. D'Idoine, nièce de Robert, fils d'Erneis, il dut laisser deux fils, Jean d'Aunou, qualifié de seigneur de Chaumont, en 1234 (1) et Foulque d'Aunou, seigneur d'Aunou, en 1244, lequel aumôna, en 1251, sept sols de rente à l'abbaye de Belle-Etoile, à prendre sur les moulins de Flers (2).

Mentionnons encore Thomas d'Aunou, seigneur de Flers, en 1277. A ce titre, il ratifie la cession faite par Robert de Samoy à l'abbaye de Cerisy-Belle-Etoile des dîmes du fief de Montagnoux (3). Il y a quelques raisons de croire que ce seigneur de Flers n'est autre que Thomas d'Aunou, évêque de Séez, du 20 décembre 1259 au 15 juin 1278 (4).

En 1288, Guillaume d'Aunou se reconnaît débiteur envers l'abbaye de Silli de deux sols de rente (5).

En 1311, Hugues d'Aunou confirme la donation faite, par Robert de Trémont, de 50 sols tournois à prendre

(1) *Cartulaire de Silli*, t. CIX. *Voir les excellentes notes que L. Delisle a données, dans le tome XVI des Antiquaires de Normandie, sur la famille d'Aunou.*

(2) Archives de l'Orne, *fonds de Cerisy-Belle-Etoile.*

(3) *Ibid.*

(4) *Dictionnaire de statistique religieuse*, édit. par Migne, p. 346.

(5) Archives de l'Orne, *fonds de Silli.*

sur le fief de Commeaux, dans la paroisse de ce nom (1).

Ce sont les derniers d'Aunou dont les chartes de l'abbaye de Silli nous aient laissé le souvenir.

Il ne nous est guère possible de préciser à quelle époque la seigneurie de Flers sortit des mains de cette maison, pour passer dans la maison d'Harcourt. Nous savons seulement que Robert d'Harcourt épousa Jeanne de Prunelai, dame de Bullou, qui descendait, par les femmes, de la maison d'Aunou, et qu'au droit de sa femme il se qualifiait de châtelain d'Aunou.

(2) 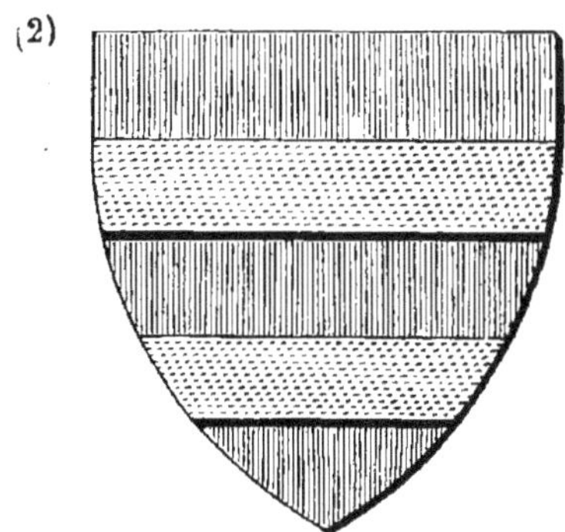

Il était fils de Robert d'Harcourt et de Jeanne de

(1) In parochia de Commeis (paroisse proche Argentan). Archives d'Alençon, *fonds de l'abbaye de Silly.*

(2) Branche qui commença en la personne de Robert d'Harcourt, troisième fils de Richard, baron d'Harcourt et d'Elbeuf, et de Jeanne de la Roche-Tesson.

Armes de Robert d'Harcourt : de gueules à une fasce de deux pièces d'or.

Villequier, et appartenait à la branche des d'Harcourt, barons de Beaumesnil. Il combattit vaillamment à la journée de Créci, où fut tué dans les rangs de l'armée française son cousin, Jean II d'Harcourt (le frère de ce Godefroi d'Harcourt qui amena les Anglais en Normandie).

Sans nous arrêter à Robert II d'Harcourt, seigneur de Gasprée, de Bullou et d'Aunou, qui fit montre, le 1ᵉʳ. janvier 1363, dans l'abbaye de Conches, de **3** chevaliers et de 14 écuyers, arrivons à Robert d'Harcourt, cinquième du nom, le premier de cette branche qui ait pris le titre de baron de Flers. Il était le fils aîné de Robert IV d'Harcourt et de Marguerite Mauvoisin de Rosni. Il épousa Blanche de Montmorency (1).

Le 1ᵉʳ. mai 1383, il donne aveu au roi de la terre de Flers *par un tiers de baronnie*, et prend en cet aveu la qualité de baron de Flers.

En l'année 1396, Bajazet menaçait la Hongrie, et l'Europe tremblait déjà au seul nom de ces Ottomans, qui convoitaient Constantinople. Dix mille Français, parmi lesquels on comptait mille chevaliers, allèrent secourir Sigismond, roi de Hongrie, sous la conduite

(1) Elle était fille d'Hugues de Montmorency, seigneur de Beau-Sault, chevalier, et de Jeanne d'Harcourt, et elle était sœur de Jean de Montmorency, lequel se signala au *siége de Domfront*, en 1411.

de Jean de Nevers qui devint plus tard second duc de
Bourgogne ; Robert de Harcourt s'associa à cette
croisade et trouva la mort à la bataille de Nicopolis.
C'est dans Jean Boucicaut qu'il faut lire le récit
lamentable de cette douloureuse journée, comme il
l'appelle. « Ha ! quelle pitié, s'écrie le naïf chroniqueur,
« quelle pitié de tant de noble compaignie, si cheva -
« lereuse et si excellente en armes, qui ne put avoir
« secours de nulle part ; ains churent en la gueule de
« leurs ennemis si comme est le fer sur l'enclume !
« car tous les environnèrent et envahirent de toutes
« parts si mortellement que plus ne se peurent défendre!
« et quelle merveille ! car plus de vingt Sarrazins
« estoyent contre un chrestien (1). »

Robert d'Harcourt laissa un fils nommé aussi Robert,
qui prit le titre de baron de Flers, et, comme son père
et son aïeul, trouva une mort glorieuse à la bataille
d'Azincourt. Il ne laissa pas de postérité, et la fortune
de Robert d'Harcourt, cinquième du nom, passa
ainsi dans les mains de Marie d'Harcourt, sa sœur,
mariée à Guillaume Paynel, sieur de Milly (2).

(1) Chronique de Jean Boucicaut, *Panthéon litt.*, p. 597.

(2) La succession de Marie d'Harcourt passa à Marie Paynel, sa
fille, qui la porta à Guillaume de Tournebu. — Laroque, *Histoire de
la maison d'Harcourt*, t. II, p. 1832.

En 1404, nous trouvons Raoul de Grosparmy, seigneur de Beuville et de Flers.

(1) 

A quel titre en était-il devenu propriétaire ? Nous ne pouvons répondre à cette question, mais le fait ne saurait être révoqué en doute (2).

La grande illustration de cette maison de Grosparmy fut le cardinal de ce nom. On nous pardonnera de nous y arrêter un instant.

Pourvu, en 1258, de la trésorerie de la chapelle royale de St.-Fraimbault de Senlis (3), Raoul de Grosparmy échangea, peu de temps après, ce titre contre celui de doyen de St.-Martin-de-Tours. En

(1) *Armes de Grosparmy :* de gueules aux jumelles d'argent, au lion passant de même et posé en chef. Voir Laroque, *Histoire d'Harcourt,* t. II, p. 1106, et l'*Appendice.*

(2) Jeanne de Grosparmy, fille de Raoul de Grosparmy, seigneur de Flers, épousa Jean de La Haye, seigneur du Bouillon (paroisse de Semilly).

(3) Saint-Fraimbault, mort à St.-Fraimbault-sur-Pisse (Orne), ses restes furent portés à Senlis. Voir le *Registre des Olim,* année 1258.

1259, il fut nommé évêque d'Evreux (1) ; à son sacre assistaient saint Louis et ses deux fils, Louis et Philippe, Simon, comte de Montfort, le comte d'Eu et d'autres grands dignitaires. Enfin, en 1261, le pape Urbain IV le créait cardinal. Le 2 janvier 1266, il couronnait Charles d'Anjou et Béatrix, sa femme, roi et reine de Sicile, dans l'église de St.-Pierre de Rome. A la chute de Mainfroy, il fut envoyé en Sicile en qualité de légat. Le pape Alexandre IV professait pour ce cardinal une telle confiance, qu'il écrivait à saint Louis de donner aux paroles de Raoul de Grosparmy, la même croyance que si elles fussent émanées de lui-même (2).

En 1269, le cardinal accompagna Louis IX dans le dernier voyage que le saint roi fit en Normandie. Il lui remit dans la cathédrale de St.-Denys l'escarcelle et le bourdon de pélerin, et comme légat le suivit à sa dernière croisade. Lui aussi ne devait pas revoir la France; atteint des premiers par la dyssenterie, il mourut le 7 août 1270, ne précédant que de bien peu de jours le royal pélerin (3).

(1) *Histoire d'Evreux*, par Lebrasseur.

(2) Velut si ab ore nostro procederent.

(3) Voir Le Nain de Tillemont, *Histoire de saint Louis*, t. V, p. 62 et 163.

La maison de Grosparmy avait hérité de la famille d'Esquai et prenait le titre de vicomte d'Esquai. Raoul de Grosparmy doit être le père de Nicolas de Grosparmy, qui de Marie de Rœux laissa trois fils, Jehan de Grosparmy, Guillaume et Mathurin de Grosparmy (1) et une fille, Guillemette de Grosparmy, mariée le 8 janvier 1496, à Germain de Grimouville (2).

A cette date, Nicolas de Grosparmy était mort, et Jehan de Grosparmy, baron de Flers, son fils aîné et Guillaume de Grosparmy, son second fils, accordèrent à leur sœur, en considération de son mariage, *troys cens livres tournoys* argent comptant et une rente de 20 livres par an rachetable pour le prix de *quatre cens livres tournoys* (3).

Ce Jehan de Grosparmy épousa Jacquéline de Sillans, d'une très-ancienne famille, originaire de

(1) Laroque, *Histoire de la maison d'Harcourt*, t. II, p. 1148.

(2) Il était fils de Guillaume de Grimouville, seigneur de la Lande-Patri et de Larchamp.

(3) Nous voyons figurer parmi les témoins Mathurin de Grimouville, curé de St.-Georges et de la Lande-Patri ; Guillaume de Grimouville, curé de Larchamp, frère dudit Germain, et Me. Georges Lepaige, curé de Flers.

L'original du contrat est conservé dans le *Chartrier du château de Flers.*

Provence, qui se rattachait à Gilbert de Sillans, venu en Normandie à la fin du XIIIe. siècle.

(1) 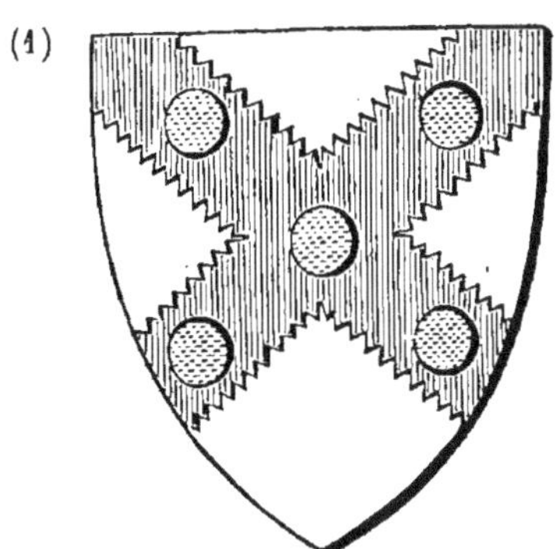

Jehan de Grosparmy mourut au mois de mai de l'année 1541. En lui s'éteignit la branche de Flers; il ne laissa que deux filles: l'aînée, Anne de Grosparmy, âgée de cinq ou six ans; et la cadette, Jeanne de Grosparmy, âgée de huit jours. Leur mère Jacqueline de Sillans en eut la garde-noble.

Un an environ après la mort de Jehan de Grosparmy, François Ier. écrivait à sa veuve « qu'il consentait au « mariage de l'aînée des mineures avec François « d'Orsomuliers, échanson de la duchesse d'Alençon, « auquel elle venait de concéder la somme *à quoy*

____

(1) Voir Laroque, *Histoire de la maison d'Harcourt*, t. II, p. 1057.

Armes de Sillans: d'argent à un sautoir engreslé de gueules, chargé de cinq bezants d'or, telles qu'elles sont sculptées sur les stalles de St.-Etienne de Caen.

« *pourra se monter le tiers-danger échu ou à écheoir de*
« *la coupe du bois appelé bois Dauphy*, *dépendant de la*
« *baronnie de la Lande Patry* (1) » , à la condition
toutefois que le conseil de famille y consentirait. Les
parents se réunirent au château de Flers et les paroles
furent réciproquement données ; mais François d'Orsomuliers s'étant immiscé dans la garde des mineures, le
roi, le 25 mai de la même année 1542, revenant sur sa
première décision, ordonna que les mineures fussent
remises à la duchesse d'Alençon et chargea le vicomte
de Vire de les conduire à Alençon.

Jacqueline de Sillans alla alors trouver François Ier.
et obtint que ses filles lui fussent rendues. Pour le
grand bien de la maison de Pellevé, la promesse de
mariage faite à François d'Orsomuliers fut cassée par
l'ordre du roi, et les paroles furent de part et d'autre
rendues devant l'évêque de Bayeux (2).

Les lettres-patentes que François Ier. donna à cet
effet sont signées par lui, par la reine de Navarre et par

(1) Registre manuscrit de Jehan de Frotté, secrétaire de la duchesse d'Alençon. *Chartrier du château de Couterne.*

(2) Hébert d'Orsomuliers. Il y a eu de ce nom un évêque
d'Avranches et un évêque de Coutances. Antoine de Sillans avait
épousé Jeanne Hébert, dame de Breauté, fille de François Hébert,
capitaine de St.-Lo (voir *Laroque*).

le seigneur d'Annebaut (1). Le 22 juin 1544, le roi remit les mineures à la garde de Richard de Pellevé, et, à la mort de celui-ci, il les confia à sa veuve, Louise du Grippel, par lettres-patentes du 18 février 1546, avec permission de faire procéder au mariage de Jean de Pellevé avec Anne de Grosparmy et à celui de Henri de Pellevé avec Jeanne de Grosparmy, dès que cette dernière aurait atteint l'âge nubile, et ce, en considération des services que lui avait rendus Richard de Pellevé (2).

Le 3 mars suivant, l'accord des deux mariages fut régulièrement passé, et le 15 avril 1547, Guillaume de Grosparmy, cousin-germain du père des mineures, y donna son consentement (3).

(1) *Chartrier du château de Flers.*

(2) Lettres-patentes signées par le roi. — *Chartrier du château de Flers.*

(3) En 1504, Guillaume de Grosparmy, sieur de Beuville et de Fontenay-le-Tesson, fut l'un des parrains de de Bras, sieur de Bourgueville.

En 1515, D. Guyon de Grosparmy était prieur de Notre-Dame-sur-l'Eau, proche Domfront.

CHAPITRE III.

Ancienneté de la maison de Pellevé. — Simon de Pellevé,
seigneur de Maisoncelles en 1200.—Son sceau.—La branche
de Flers est la branche cadette. — La branche aînée éteinte
au XVIIe. siècle. — Jean de Pellevé, auteur de la branche
de Flers.— Services militaires de Richard de Pellevé, père
de Henri de Pellevé, baron de Flers.—Mort de Richard et de
Jean de Pellevé. — Henri de Pellevé sollicite la fierte pour
plusieurs de ses vassaux. — Ce qu'était la fierte. — Le cardinal de Pellevé. — Sa vie agitée. — Sa mort. — Ce que dit
Brantôme du cardinal et d'Henri de Pellevé. — Henri de
Pellevé exempté du ban et de l'arrière-ban par Charles IX.
— Il reçoit le collier de l'Ordre. — Henri IV, en quittant
Paris, en 1576, vient à Alençon. — Lettres qu'il adresse à
Henri de Pellevé. — Lettre de Henri III à Henri de Pellevé.

Correspondance entre le duc de Montpensier et Henri de Pellevé. — Défaite des Gauthiers. — Une dernière lettre du duc de Montpensier. — Campagne heureuse de Henri IV en Normandie. — Il donne une sauve-garde à Henri de Pellevé. —Il érige la baronnie de Flers en comté, au profit de Nicolas de Pellevé, fils de Henri de Pellevé. —Mariage de Nicolas de Pellevé et d'Isabeau de Rohan. — Elle lui apporte la seigneurie de Condé-sur-Noireau. — Lettre de Henri III à Henri de Pellevé, à l'occasion de son fils. — Nicolas de Pellevé assiste au siége d'Amiens. — Henri IV lui accorde l'exemption de loger des gens de guerre. — Il lui donne une permission de chasse. — Deux lettres de Loys de Rohan à Nicolas de Pellevé, son gendre.— Lettre de Marie de Médicis à la comtesse de Flers. — Nicolas de Pellevé interdit aux protestans l'exercice de leur religion sur ses terres. — Louis XIII accorde à Nicolas de Pellevé l'exemption de loger des gens de guerre. — Il lui accorde le privilége de deux nouvelles foires. — Sonnet de Courval lui dédie sa satire contre les charlatans.

L'ancienne et illustre maison de Pellevé remonte à Thomas de Pellevé, premier du nom, qui accompagna Guillaume-le-Conquérant en Angleterre et en reçut le fief de Cady.

A la fin du XII°. siècle, nous trouvons Thomas II de Pellevé, seigneur de Maisoncelles, qui des premiers prit parti pour Philippe-Auguste contre Jean-sans-Terre.

En 1200, Simon Pellevé (Simon Peillevé) concéda à Gilbert de Villers la moitié d'un moulin et vivier, à Maisoncelles (2).

Ce Simon Pellevé n'est autre que celui qui aumôna à l'abbaye d'Aunay la moitié du patronage de Maisoncelles

(1) Armes de Pellevé : de gueules à une tête humaine d'argent, au poil levé d'or.

(2) Collect. Bréquigny. *Biblioth. impér. Normandie.*

et dont voici le sceau conservé aux archives du Calvados.

(1)

· Au XVe. siècle, la charge de vicomte de Valognes et de Coutances semble devenir l'un des priviléges de cette famille.

La branche des Pellevé, comtes de Flers, n'est que la branche cadette de cette maison. Elle remonte à Jean de Pellevé, quatrième du nom, deuxième fils de Thomas III de Pellevé, sieur d'Aubigny, et de Jeanne

(1) M. Bouet a bien voulu le relever, en le comparant avec plusieurs autres. Il est plus exact que celui donné par M. Léchaudé-d'Anisy.

de Malherbe, dame de Jouy. La branche aînée est celle
du cardinal de Pellevé. Cette dernière a pour auteur
Charles de Pellevé (1), fils aîné de Thomas de Pellevé,
troisième du nom, souche commune des deux branches;
elle se subdivise en deux rameaux qui s'éteignirent
tous deux au XVIIe. siècle et le second, d'une manière
glorieuse, dans la personne d'Emmanuel de Pellevé,
marquis de Boursy, tué au passage du Rhin.

Jean de Pellevé, l'auteur de la branche de Flers,
fit partage avec ses frères en 1466 et se distingua
dans les grandes guerres du XVe siècle. Fait prisonnier
par les Anglais, il eut recours, pour payer sa rançon,
au sénéchal de Brézé qui lui prêta une somme considérable.

Jean de Pellevé et Henri de Pellevé, baron de
Flers, étaient donc petits-fils de Jean de Pellevé
et fils de Richard de Pellevé et de Louise du Grippel,
dame de Caligny (2), de la Landelle (3) et des

(1) P. Anselme, titres communiqués par M. Lacabane. *Bibliothèque impér.*

(2) Caligny, paroisse du canton de Flers. La terre de Caligny
s'étendait sur les paroisses de Montilly, la Basoque, St.-Pierre-
d'Entremont, St.-Germain-du-Crioult, Fresnes, Monsegré. Devait
au roi trente livres 2 sols 6 deniers pour fiefferme.

(3) La Landelle (paroisse de Clécy), fief noble qui relevait du

Botz (1), fille de Guillaume du Grippel et de Catherine de Renneville, dame d'Athis (2).

Leur père leur avait laissé de beaux exemples à
suivre. Nous n'avons qu'à choisir dans la longue et
glorieuse liste de ses services militaires : Le 21 novembre 1523, il eut commission de ramener, conduyre
et retourner en France les « trois cens hommes de
« guerre envoyés *pour la tuition et défense du roy et
« du royaulme d'Ecosse* » (3).

En 1534, François I*er* voulant, comme dit de Bras
de Bourgueville, « faire entendre à ses ennemis les
« forces qu'il peut lever en ses pays, fit faire monstre
« de certaines légions, en la façon des anciens Ro-
« mains et commença par cette province. » Richard
de Pellevé eut la charge des mille hommes du bailliage
de Cotentin (4).

comté d'Harcourt, avec obligation de se présenter *ès plaits* de la
vicomté de la Carneille.

(1) Fief noble, dont le siége est dans la commune d'Athis.

(2) La maison du Grippel descendait d'un du Grippel, seigneur
de la Landelle, qui vivait en 1371, et épousa Isabeau de Ste.-
Mère-Eglise. — Ses armes sont d'azur à trois fasces d'or.

Lachenaye des Bois, *Dictionnaire de la noblesse*, t. VIII, p. 472.

(3) *Chartrier du château de Flers.*

(4) *Ibid.* — De Bras de Bourgueville, *Recherches et antiquités
de la Neustrie*, p. 123.

Le 10 mai 1537, l'amiral de Bryon lui donna pouvoir d'armer trois vaisseaux du port, *ensemble de quatre cens tonneaux pour mener et faire conduire la guerre sur les sujets de l'empereur* (1).

En 1542, il servit en Picardie sous les ordres du duc de Vendôme, en qualité de lieutenant-général du bailli de Caen *pour le fait du ban.*

Ses trois fils suivirent comme lui la carrière des armes.

Richard, l'aîné de tous, fut tué en 1569 à la bataille de Moncontour, dans les rangs de l'armée royale. Jean de Pellevé tomba comme son frère sur un champ de bataille (2).

Quelques années auparavant et lorsque Jean de Pellevé vivait encore, un triste événement et qui peint bien les mœurs de l'époque, attira tous les regards sur la famille de Pellevé :

« Ung jour et feste de Chandeleur, plusieurs indi-

(1) Philippe Chabot, puîné de cette maison. Il portait pour devise une balle à jouer, pleine de vent, avec ces mots : *Concussus surgo.* De fait, il fut disgracié et remis de nouveau en tous ses honneurs. *Journal de l'Étoile,* édit. Michaud, p. 11. — Voir, à l'*Appendice.*

(2) Voir, à l'*Appendice,* le rôle des hommes d'armes commandés par Jean de Pellevé.

« vidus, arméz et esquipéz d'armes à feu et de toutes
« autres armes, s'estoient apostés à la porte de l'église
« de Flers, avec propos délibéré de tuer noble hòmme
« Henry de Pellevey de Caligny, baron dudit lieu de
« Flers ; comme de faict à l'issue de la messe, faisant
« la révérence au dit sieur de Caligny, luy tirèrent
« plusieurs coups de pistolets et tuèrent un gen -
« tilhomme appartenant au s^r. de la Poupelière (1)
« et une levrette estant prez le dict sieur de Caligny,
« sans toutefoiz pouvoir tuer ce dernier. Alors les
« assassins s'estoient enfuis. Seulement Perrin Hénard,
« l'un d'eux, ayant été pris par les gens du sieur de
« Caligny, avoit été amené au château de Flers, où on
« le retint prisonnier dans l'espérance de tirer de luy
« la congnoissance des noms et surnoms de ceulx qui
« avoient tiré sur le s^r. de Caligny ; mais par désespoir,
« au bout de quelques jours, il se pendist par le
« moyen d'une corde et lien de foin qui luy avoit esté
« baillé au lieu de feurre, à soy coucher » (2).

Dans la mêlée du jour de la Chandeleur, on avait
pourtant reconnu les nommés Raguenel, Nicolas Delamare (cousin de de Bras de Bourgueville), Thomas

(1) La Poupelière, fief dans la commune de Ste.-Honorine-la-
Chardonne.

(2) Floquet, *Hist. du privilége de saint Romain*, t. I, p. 293.

Ourson et Jean Le Harivel. Henri de Pellevé les dénonça
à la justice et chargea de les poursuivre, en son nom, au
bailliage de Caen, Guillaume de Lacour, sieur des
Marèscs et Pierre de Lacour, sieur de Grainville,
gentilshommes qui avaient été élevés dans la maison
de son père. Par son dévouement, le sieur des Marèscs
attira sur lui la haine de ces quatre hommes : de là,
des insultes continuelles et finalement une tentative
d'assassinat. Henri de Pellevé, irrité de tant d'audace,
dit un jour en présence de Jean de Pellevé, son frère
et du sieur de Saint-Rémy, son ami : « Par le corps
« Dieu, frère, je vouldroys qu'ilz feussent tous mortz. »
Saint-Remy s'écria que « s'il les trouvoit à propos, il
« les chastieroit bien. »

L'occasion ne se présenta que trop tôt. Prévenu par
Guillaume de Lacour que Delamare et les siens devaient
passer au pont de Landes, en allant à Caen pour se
rendre à une assignation du baron de Flers, Saint-
Remy accompagné d'un nommé Saugrenée et d'un
allemand soldé par Guillaume de Lacour, s'embusqua
au pont de Landes et, là, avec l'aide de ses deux
complices, il les assassina tous les trois. Arrêté pour
ce fait, il eut l'adresse de s'échapper de sa prison. Son
complice, l'allemand, ne fut pas si heureux et fut,
peu après, exécuté à Caen. Quant à Guillaume de

Lacour, qui avait eu le premier la pensée du crime, il fut arrêté pour certains propos compromettans tenus à Caen le jour même du meurtre ; mais le crédit de la maison de Flers lui vint en aide.

Le chapitre de Rouen avait le droit, chaque année, le jour de l'Ascension, d'arracher un meurtrier à l'échafaud, c'est ce qu'on appelait le privilége de saint Romain. En 1561 donc, Guillaume de Lacour vint à Rouen solliciter la fierte pour lui et ses complices.

Charles IX (ce qui montre bien la haute faveur de la maison de Pellevé) écrivit à ce sujet au chapitre de Rouen :

« Chers et bien amés,

« *Ayant entendu la coustume qui s'est observée de*
« *longtemps, le jour des Rogations, en l'honneur et*
'« *révérence de la fierte de saint Romain, désirant, pour*
« *certaines considérations, que ce soit le sieur de*
« *Sainct Remy avec autre de sa complicité, nous vous*
« *prions que vous le veuillez, en ce, préférer à tout*
« *aultre, pour jouir d'icelluy prévillége et en tirer le*
« *fruict et l'impunité.* »

Catherine de Médicis, de son côté, écrivit que « *l'élection du sieur de Saint-Remy estoit une chose* « *que le roy son fils et seigneur désiroit et qu'il auroit* « *bien fort agréable.* »

Il n'y eut pas jusqu'à Antoine, roi de Navarre , père de Henri IV, qui ne plaidât la cause des protégés des Pellevé ; le chapitre céda à ces hautes interventions et désigna Guillaume de Lacour et ses complices (1).

Devenu , par la mort de ses deux frères, le seul héritier de sa branche et seigneur de Flers , Henri de Pellevé resta invariablement attaché à Henri III et à Henri IV et pourtant, dans le camp opposé , dans celui de la Ligue, se trouvait son cousin-germain, le parrain de son fils, le cardinal de Pellevé , esprit remuant , infatigable , l'âme de la coalition et dont un poète du temps a pu dire :

> Une fois il fist bien ; ce fut à son trépas.
> Le bon Dieu lui pardoint, car il n'y pensait pas (2).

En parlant du château de Flers , on ne peut se dé-

(1) Mais cette élection ne devait pas profiter à tous. Guillaume de Lacour, délivré pour la forme, fut remis immédiatement en prison par ordre du Parlement, qui reprit le procès. Saugrenée fut condamné à la roue et exécuté, et il ne fallut pas moins de l'intervention royale et d'un arrêt du Conseil pour obtenir la mise en liberté de ceux que la justice du Parlement ne voulait plus relâcher.

Nous avons emprunté ces curieux détails à l'excellente histoire du *Privilége de saint Romain*, par M. Floquet, t. I , p. 293 et suiv.

(2) *Satire Ménippée*, édit. de Math. Kerner , t. XI , p. 302.

fendre de dire quelques mots de la vie si agitée et si remplie du cardinal de Pellevé. Né à Jouy le 18 octobre 1518, il était le second fils de Charles de Pellevé, seigneur de Tracy et de Jouy ; il professa le Droit à Bourges jusqu'au moment où le cardinal de Lorraine, son protecteur, en fit un conseiller aux enquêtes ; puis il fut successivement nommé évêque d'Amiens en 1553, archevêque de Sens en 1563 par la résignation qu'en fit en sa faveur le cardinal de Lorraine (1), protecteur des royaumes d'Écosse et d'Irlande en 1559, cardinal en 1570 et enfin archevêque de Reims en 1589 (il ne prit toutefois possession de ce siége qu'en 1592). Il accompagna le cardinal de Lorraine au concile de Trente et à partir de 1572, il résida pendant près de vingt ans à Rome pour les affaires de la maison de Lorraine. Il avait eu beaucoup à se louer de la maison de Valois qui l'avait choisi pour être le gouverneur du duc d'Alençon et qui avait plus tard obtenu pour lui le chapeau de cardinal, mais il ne sut résister aux solli-

(1) Voici le quatrain fait sur sa vie :

> Étant solliciteur il eut tant de pratique
> Qu'il en fut conseiller, puis évêque hérétique ;
> Il devint tôt après archevêque de Sens ;
> Enfin fait cardinal, il a perdu le sens.

Satire Ménippée, édit. de Math. Kerner, t. XI, p. 391.

citations des Guises et se posa comme leur agent le plus dévoué auprès du Saint-Siége. Il alla même jusqu'à s'opposer, en plein consistoire, à l'indult que Henri III demandait pour nommer aux bénéfices de Bretagne ; c'est alors que le roi irrité fit saisir tous les revenus de ses bénéfices et les donna aux pauvres. En 1587, le pape Sixte V les lui fit restituer. Mais les bienfaits avaient peu de prise sur le cardinal : de retour à Paris, il devint le chef du conseil de la Ligue et à l'ouverture des États pour l'élection d'un roi, le 25 janvier 1593, il officia solennellement. Henri IV écrivait de lui à cette époque : « Le duc de Mayenne est conforté en ses espérances par le cardinal de Pellevé (1). »

Lors de l'entrée de Henri IV à Paris, le cardinal étant malade à l'hôtel de Sens et entendant les acclamations du peuple, se crut perdu ; son émotion redoubla lorsqu'il apprit que les gardes du roi s'emparaient de son hôtel ; ce n'était au contraire que dans le but de protéger sa personne contre les insultes de la populace. Quatre jours après, le 26 mars 1594, il mourait âgé de 77 ans, dans un accès de délire, criant à haute voix : « Qu'on le prenne,

(1) *Lettres missives d'Henri IV.*

qu'on le prenne (1) ! » Son portrait est resté dans le château de Flers. Cette figure longue, aux pommettes saillantes, a quelque chose de Richelieu et dans le regard et dans l'ovale amaigri du visage ; placée dans un salon orné de vieilles et riches tapisseries, elle se détache sur le fond de la muraille, imposante et sévère, et, tant que le manoir féodal se tiendra debout, elle en restera le plus grand souvenir.

Le cardinal a dû venir à Flers, ne fût-ce que pour essayer de faire de Henri de Pellevé un ligueur, mais sans pourvoir y réussir : le sang de ses deux frères liait à jamais celui-ci à la cause royale. Un passage de Brantôme nous en est la meilleure preuve : « Le « sire de Carrouges, Tanneguy Leveneur, causant un « jour avec la reine Catherine de Médicis du sire de « Matignon, l'heureux vainqueur de Montgommery : « Savez-vous, lui dit-il, que M. de Matignon a bien

(1) De Thou le fait mourir le jour même de l'entrée de Henri IV. Nous suivons la date de son épitaphe. Il fut enterré à Reims, proche l'autel Ste.-Croix. Son cœur resta aux Célestins de Paris. Il portait *de gueules à une tête humaine d'argent au poil levé d'or qui est de Pellevé, écartelé d'argent semé de fleurs de lys de sable du chef de sa mère, qui est Dufay.*

Voir père Anselme, *Journal de Henri III;* Moreri, *Satire Ménippée;* Cabinet des titres, Bibliothèque impér.

« besoin de votre support contre le baron de Flais
« (Flers), qui luy fait gagner les quatre coins de son
« gouvernement, tant il le craint. Le baron de Flers,
« ajoute Brantôme, estoit un fort brave, déterminé,
« vaillant et honnête gentilhomme, comme je l'ai connu
« tel, neveu de monsieur le cardinal de Pellevé, qui
« avoit querelle contre luy, et l'a tellement bravé, et
« luy a si souvent présenté la raison, que nonobstant
« sa charge et son aulthorité, il ne luy a jamais rien
« peu faire, mais bien souvent luy a bravé » (1).

Les archives du château de Flers renferment de précieux détails sur les guerres du XVIᵉ. siècle dans notre contrée; elles vont nous servir pour faire connaître la grande part que Henri de Pellevé prit aux événemens de cette triste époque.

Le 20 septembre 1567, Charles IX l'exempta du ban et de l'arrière-ban, ainsi que l'avait fait déjà Henri II, en 1552 (2).

Bientôt après, il lui envoya, par le maréchal de Cossé, le collier de l'ordre de Saint-Michel, en lui adressant la lettre suivante, écrite de sa main :

« Par vos vertus, vaillances et merites, vous avez

______

(1) Brantôme, *Vie de Matignon.*

(2) *Chartrier du château de Flers.*

« eté choisy et esleu par l'assemblée des chevaliers
« et compaignons de l'ordre de Monseigneur St.-
« Michel » (1).

Plus tard, dans une lettre du duc d'Anjou, Henri de
Pellevé est qualifié du titre de gentilhomme de la
chambre du roi.

A ces faveurs multipliées, on peut juger dans quelle
haute estime Charles IX et Henri III tinrent toujours
le baron de Flers et quel prix ils mettaient à le conserver dans leur parti ; mais Henri de Pellevé était du
nombre de ces quelques hommes qu'on appelait alors
les politiques et dont le duc de Bouillon semble avoir
été le type en Basse-Normandie : dès ce moment, il
avait tourné ses regards vers Henri de Navarre et
deviné en lui le sauveur de la monarchie. Ici, nous
sommes forcé de rentrer dans l'histoire générale pour
mieux suivre tout un côté de la vie de notre seigneur
de Flers.

1576. « Après un assez long séjour à la cour, le roy
« de Navarre, dépité de tous les déboires qu'il y

(1) Édit du 1er. août 1469. La décoration consistait en un collier
d'or, orné de coquilles d'argent, auquel pendait une médaille d'or
à l'effigie de saint Michel, avec cette devise : « Immensi tremor
Occani. » Le ruban de l'ordre était noir. Voir la lettre de Charles IX
au maréchal de Cossé, à l'*Appendice*.

« recevait chaque jour, prit la résolution de se retirer
« au-delà de la Loire. Pour cela, il s'en fut à la chasse du
« côté de Livry, puis s'en départit, suivi d'un petit
« nombre de confidens, vint passer la Seine au pont de
« Poissy. » Après avoir rapidement traversé la Beauce,
couché à Châteauneuf en Thimerais, passé par Senon-
ches, Mortagne et le Mesle, il entra à Alençon dans la
nuit du 6 au 7 février 1576 (1).

Le matin même il écrivit à Henri de Pellevé :

« MONSIEUR DE FLAIR,

« Incontinent que j'ay esté arivé en ce lieu d'Alençon
« je vous en ai bien voullu advertir et vous prier que
« incontinent la présente réceue vous montiez à cheval
« avecques le plus grant nombre de vos amys et faictes
« conduire aultant de soldatz à pied qu'en poúrrez
« recouvrer pour me venir trouver. N'estant la présente
« pour aultre effaict, me recommande à vos bonnes

____

(1) *Mémoires de d'Aubigné*, publiés par Ludovic Lalanne, p. 36.
Voir *Histoire de d'Aubigné*, p. 183 et suiv.

Le détail des lieux où passa Henri IV est exactement fourni par les
registres originaux des comptes de sa dépense jour par jour. Le
Mesle est nommé comme le lieu où il soupa et coucha le 6 février.

Lettres de Henri IV, dans les notes, t. I, p. 83.

« grâces, et prie Dieu, Monsieur de Flair, vous avoir
« en sa garde.

« A Alençon, ce mardy VII février 1576.

(Et de sa main) :   « *Vostre bien bon amy,*

       « Henry » (1).

Le 10 février, il adresse une nouvelle lettre non
moins pressante à Henri de Pellevé.

Et dans le post-scriptum entièrement de sa main :
« *Je vous prie venyr bientost et le mieux accompagné que*

(1) Cette lettre, conservée dans la riche collection d'autographes
restée dans le château de Flers, est doublement précieuse, puisqu'elle infirme complètement l'opinion soutenue par quelques his-
toriens que Henri IV n'aurait quitté Paris que le 20 février. C'était,
au reste, une circulaire que Henri IV adressait à tous ses amis de
Normandie. L'original en a été donné dans l'édition des lettres de
Henri IV et nous croyons devoir le reproduire comme entièrement
identique.

« A M. d'Assy, du VI février 1576.

« Maintenant que j'ay esté arrivé en ce lieu d'Alençon, je vous
« en ai bien voullu advertir et vous prier que incontinent la pré-
« sente receue vous montiez à cheval avec le plus grant nombre de
« vos amys, et faictes conduire aultant de soldatz à pied qu'en
« pourrez recouvrer pour me venir trouver, etc. »

      Lettres de Henri IV, t. 1, p. 83.

« *vous pourrez, vivant le plus doulcement qu'il sera*
« *possible et ne faisant nul acte d'hostilité* (1). »

De dans trois jours, nous dit d'Aubigné, arrivèrent à
Alençon 250 gentilhommes et entr'autres Fervaques.
Henri de Pellevé ne se rendit pas, nous le croyons, à
ce premier appel ; en effet, le XIII février, le même
jour où Henri IV écrit de Beaumont aux échevins du
Mans, pour leur demander passage en leur ville, il écrit
aussi à Henri de Pellevé, le pressant de se rendre vers
lui avec plusieurs gentilshommes *le plus diligemment
qu'il se pourra.* Cette lettre est datée de Beaumont, le
XIIIe. jour de février 1576 (2).

Voici l'itinéraire de Henri IV : le 23 et le 24 février,
à Beaufort; le 28 et le 29 février, à Saumur ; le 11 avril,
à Thouars. C'est de cette dernière ville, qu'il écrit à
Henri de Pellevé le 12 avril, au sujet d'une réclamation
de l'assesseur de Chinon (3).

Le 28 du même mois il lui écrit de Saumur de ne
faire faute de lui amener le baron de Lagarde (4).

Ici se présente une lacune et ce n'est qu'à une dis-

(1) *Chartrier du château de Flers* (l'original y est conservé).
Voir, à l'*Appendice.*

(2) Voir à l'*Appendice.*

(3) *Ibid.*

(4) *Ibid.*

tance de quelques années, que nous retrouvons une lettre de Henri III à Henri de Pellevé, au sujet d'une poursuite criminelle dont le baron de Flers s'était chargé (1).

A partir de février 1589, une correspondance suivie s'établit entre Henri de Pellevé et le duc de Montpensier, François de Bourbon, chargé du gouvernement de Normandie, gouvernement qui se réduisait alors aux villes de Caen, St.-Lo, Dieppe et Alençon. Argentan, Falaise, Vire, Valognes, Lisieux, Avranches, avaient pris parti pour la Ligue, et au mois d'avril de cette même année 1589, Jean de La Ferrière, baron de Vernie, avait fait aussi déclarer Domfront pour les ligueurs.

Le désordre était partout : la présence du duc de Montpensier en Normandie était devenue une nécessité. Henri de Pellevé et son second fils, Jean de Pellevé, lequel avait levé un régiment pour le service de la cause royale, lui adressaient messages sur messages pour l'engager à venir de sa personne dans notre malheureuse province (2).

(1) Voir à l'*Appendice.*

(2) Cette précieuse correspondance est conservée dans le *Chartrier du château de Flers* (nous donnons, dans l'*Appendice*, toutes les

C'est à une de ces pressantes invitations qu'il répond, de Blois, à la date du XVI février 1589.

« Monsieur le Baron,

« *J'ai receu la lettre que vous m'avez escripte par le* « *porteur et, de luy, particulièrement entendu les nouvelles* « *dont vous l'aviez chargé, de quoy je vous remercie bien* « *fort et de la bonne souvenance que me faictes con-* « *gnoistre avoyr de moi que je vous prye me continuer et* « *vous employer de tout votre pouvoir à rompre les* « *desseins des ennemys du roy en vos quartiers, atten-* « *dant que sa majesté ait moien de se faire recongnoistre* « *et obeyr ainsi que j'espère elle fera dans peu de temps,* « *aydant Dieu ; cependant s'il s'offre occasion où vous* « *me vouliez emploier, je vous prye croire en faire estat* « *que vous me trouverez aultant affectionné et disposé* « *que le sauriez désirer, ainsy que j'ai chargé ce dict* « *gentilhomme vous dire de ma part, priant Dieu vous* « *donner, Monsieur le Baron, ce que vous désirez.* De « Bloys, le XVIe. jour de février 1589.

« Vostre entièrement meilleur amy ;

« FRANÇOIS DE BOURBON » (1).

Le 11 mars suivant, pour faire prendre patience à ces fidèles et tenaces champions de la cause royale, il

lettres adressées à Jean de Pellevé par le duc de Montpensier ; elles achè-veront de faire connaître la situation de notre contrée à cette époque .

(1) *Chartrier du château de Flers.*

leur écrit de Tours, pour les engager à se tenir prêts et à avertir leurs amis (1).

Enfin, le duc de Montpensier a pris pied en Normandie et il écrit d'Alençon, le 30 mars 1589, à Henri de Pellevé, pour le féliciter d'avoir conservé au roi les châteaux de Messei, de Thury et d'Harcourt, d'*où dépendait*, dit-il, *la liberté du pays* (2).

Ces lettres du duc de Montpensier font ressortir de plus en plus le grand rôle que joua alors Henri de - Pellevé. Dès le commencement d'avril, nous voyons le seigneur de Flers reprendre à lui seul l'offensive et, suivi de ses vassaux et des gentilshommes enrôlés sous sa bannière et celle de son fils, assiéger Falaise où s'était renfermé le comte de Brissac, le chef de la Ligue en Basse-Normandie.

Voici ce que lui écrivait, de Caen, le 24 avril, le duc de Montpensier, pour le prier de tenir ferme devant Falaise jusqu'à sa venue. (Parti d'Alençon le 4 avril, le duc avait pris la route de Séez, traversé Écouché le 5, pour éviter Argentan qui tenait pour la Ligue et battu, chemin faisant, cinquante lanciers et cent arquebusiers à cheval de la garnison de Falaise (3).)

(1) Voir à l'*Appendice*.

(2) *Id.*

(3) Palma Cayet. Chronologie nouénaire. *Panthéon litt.*, p. 139.

« Monsieur de Flers,

« J'ai receu la lettre que vous m'avez escripte par ce
« porteur et veu par icelle la bonne diligence que vous
« avez faicte de vous rendre à Falaise avec bon nombre
« de vos amys, suivant la prière que je vous en faisois ;
« de quoy je ne vous puis assez affectueusement remer-
« cier, louant bien fort l'affection et bonne volonté que
« vous avez en cela fait paroistre avoyr au service du
« roy Monseigneur et repos de ce pays que je vous prie,
« sur tant que vous avez jamais désiré de m'obliger,
« vouloyr continuer et demeurer ferme encores pour deux
« ou troys jours, dedans lesquels je vous prometz et
« asseure que je m'acheminerai par de là, avec le canon
« qu'il m'a esté impossible pouvoir faire marcher plus
« tost, quelque diligence que j'aye peu faire, pour avoir
« esté contraint le faire remonter tout à neuf, à quoy il
« faut du temps comme vous scavez, vous priant de rechef
« bien fort et touz vos compagnons de patienter encore et
« ne vous ennuyer pour ce peu de temps et croire qu'es-
« tant de delà je donnerai tel ordre à toutes choses, avec
« vostre bon advis, que vous aurez toute occasion de con-
« tentement, priant en cest endroit le Créateur vous
« donner, Monsieur de Flers, ce que plus désirez.

« A Caen ce XIIII⁰ jour d'avril 1589.

« Vostre entièrement meilleur amy,

« FRANÇOIS DE BOURBON » (1).

(1) Chartrier du château de Flers.

Vers la fin d'avril, le duc de Montpensier, pendant qu'il assiégeait Falaise, apprend que des bandes de paysans armés, *les Gauthiers*, comme on les appelait alors, marchaient au secours des assiégés au nombre de cinq mille; ils occupaient les villages de Pierrefitte-en-Cinglais, de Villers et de Commeaux, non loin d'Argentan. Le duc marcha à leur rencontre, et le vendredi 22 avril, le combat s'engagea. L'artillerie jeta l'effroi et la confusion dans les rangs de ces masses indiscipli-nées; elles se débandèrent et on en fit un affreux car-nage: plus de trois mille restèrent sur la place, douze cents se rendirent à discrétion; de ce jour, il ne fut plus question des Gauthiers et la Ligue ne se releva pas de cet échec (1).

Cependant notre contrée eut encore long-temps à souffrir. Les renforts qui, d'une ville à l'autre, s'allaient joindre aux forces de la Ligue, pillaient tout sur leur passage. Henri de Pellevé faisait bonne garde, mais le mal était si grand qu'il fut dans la nécessité de de-mander quelques troupes au duc de Montpensier.

Celui-ci répondit du camp de Ste.-Barbe-en-Auge, le 3 juin 1589 :

1) Voir de Thou, *Histoire universelle ;* Flocquet, *Histoire du privilége de saint Romain.*

« *J'ay entendu que tous ces coureurs seront disséminés*
« *sur le gros de leurs forces et si ainsi est il n'y aura*
« *grand besoing de vous envoyer des gens de guerre qui*
« *seroient plus inutiles que profitables. S'il advient que*
« *les ditz coureurs ne partent, je vous prometz d'y aller en*
« *personne et les serrer de si près qu'ils n'auront moien*
« *de continuer les pilleries, ou bien d'y envoier telles*
« *forces qu'il sera besoing et selon l'advis que m'en*
« *donnerez* » (1).

Henri III est assassiné le 1ᵉʳ. août 1589 ; mais la
guerre ne se ralentit pas. Henri IV, ne pouvant plus
tenir devant Paris, se décide à venir en Normandie pour
y faire vivre son armée, considérablement affaiblie par
la retraite du duc d'Épernon et pour assurer le débarquement des 5,000 Anglais que devait lui envoyer
Élisabeth. Mayenne avait promis de ramener le Béar-
nais pieds et poings liés : la victoire d'Arques fut un
glorieux démenti donné aux vanteries des Parisiens (2).
Réduit à la défensive, le duc de Mayenne se retira en
Picardie et Henri IV marcha de nouveau sur Paris,
laissant en Normandie le duc de Montpensier (3).

A partir de cette époque, une nouvelle correspondance s'établit entre Henri de Pellevé et ce dernier, au

(1) *Chartrier du château de Flers.*

(2) 21 septembre 1589.

(3) *Journal de l'Estoile*, édit. Michaud, p. 7.

sujet des nécessités de la guerre. Dans sa première lettre, datée de Dieppe, le 21 octobre 1589, il le prie de venir le trouver à Caen avec le plus de monde qu'il pourra, pour *l'aider à nettoyer le pays et le remettre en l'obéissance de Sa Majesté* (1). Cependant, malgré les efforts du duc de Montpensier, la guerre traînait en longueur. La présence du roi pouvait seule donner aux siens cet élan, cette énergie qui fait violence à la fortune.

Bravant la rigueur de l'hiver, Henri IV rentre en Normandie, et le 23 décembre il arrive devant Alençon dont le château seul tenait encore : dès le 15, la ville avait été prise par le maréchal de Biron. Le lendemain de son arrivée, le gouverneur demande à se rendre ; Séez, Argentan, lui ouvrent leurs portes. Le comte de Brissac qui, depuis six mois, résistait dans Falaise est heureux de capituler et d'avoir la vie sauve.

Aussi, le 8 janvier 1590, Henri IV écrit de Falaise à la comtesse de Grammont ; « Mon amie, despuis le par-« tement de Licerace, j'ay pris les villes de Seez, « Argentan, Falaise, où j'ay attrapé Brissac et tout ce « qu'il avoit mené de secours pour la Normandie » (2).

(1) Voir à l'*Appendice.*

(2) *Lettres de Henri IV*, t. I. Voir Odolant Desnos, *Histoire des ducs d'Alençon*, t. II, p. 35 et suiv.

En apprenant cette série de victoires, les habitants de Domfront poignardent Jean de La Ferrière, qui y commandait pour la Ligue, et reconnaissent l'autorité royale. Enfin le 14 mars, la victoire d'Ivry, à laquelle prenait part le duc de Montpensier, entouré de toute la noblesse normande, couronnait cette glorieuse campagne.

Henri IV récompensa largement ceux qui avaient fidèlement servi sa cause. Le 13 décembre 1589, il fait don à Henri de Pellevé des fruits et revenus du prieuré de la Lande-Patry, confisqués pour cause de rébellion du titulaire, à la charge de le faire desservir par personne capable (1). Le 31 décembre 1589, il lui donne une sauvegarde (2). Enfin, en 1598, en souvenance des bons et loyaux services de Henri de Pellevé, il autorise en faveur de Nicolas de Pellevé, son fils aîné, la réunion des fiefs de Caligny, du Verger, des Botz et de Montilly à la baronnie de Flers, et érige ladite baronnie en comté (3).

(1) *Chartrier du château de Flers.* Voir à l'*Appendice.*

(2) *Chartrier du château de Flers.*

(3) Ces lettres-patentes sont datées de St.-Germain et du mois de novembre. Un arrêt du Parlement de Rouen, du 9 avril 1601, autorisa une enquête de *commodo et incommodo*, à l'effet de la vérification desdites lettres-patentes. Elles furent enregistrées en 1617.

Ces diverses pièces sont conservées dans le *Chartrier de Flers*, mais elles sont dans le plus mauvais état.

Nicolas de Pellevé, par une illustre alliance, venait de rehausser l'éclat de la maison de Pellevé. Il avait épousé, le 25 décembre 1593, Élisabeth de Rohan, fille de très-haut et très-puissant seigneur Messire Loys de Rohan, prince de Guemené, pair de France, seigneur de Condé-sur-Noireau (1), et de Françoise de Laval;

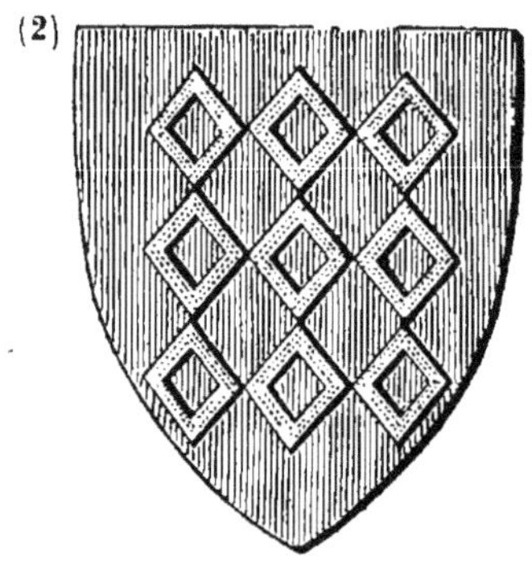

(2)

elle lui avait apporté en dot 35,000 livres et la jouissance de la terre et seigneurie de Condé-sur-Noireau, dont dépendaient 50 paroisses; le fief de Ste.-Honorine-

(1) Loys de Rohan, vicomte du nom, descendait, par six degrés, de Charles de Rohan, premier du nom, tige de la maison de Guemené, qui épousa Catherine Du Guesclin. De Léonor de Rohan, fille aînée du dernier Rohan de la branche de Gyé, il eut quatre fils et cinq filles, dont l'une, Sylvie de Rohan, épousa en secondes noces Antoine de Sillans, baron de Creully. Voir Moreri, t. VI, p. 168.

(2) Armes de Rohan : d'azur aux neuf macles d'or.

la-Chardonne, la masure de la Guillotière, le fief du Rocher et celui d'Epinouze, dans la commune d'Athis, en relevaient; le titre de vicomte y était annexé. Nicolas de Pellevé apportait, de son côté, 7,700 livres tournois de rente annuelle et la baronnie de Caligny qui s'étendait sur les paroisses de Montilly, la Basoque, St.-Pierre-d'Entremont, St.-Germain-du-Crioult, Fresnes et Montsegré.

Nicolas de Pellevé avait été nommé, en 1576, gentilhomme de la chambre du duc d'Alençon et au même titre attaché, en 1585, à la personne de Henri III. Ce prince en faisait le plus grand cas (1).

Notre seigneur de Flers prit part à toutes les guerres soutenues par Henri IV. — Suivi de dix gentilshommes, il assista, en 1597, au siége d'Amiens, dont les Espagnols s'étaient emparés par surprise. Nous avons sous les yeux les glorieux certificats qui lui furent donnés par Henri de Bourbon et par Henri de Rohan, duc de Montbazon attestant que, dans aucune occasion, il n'avait fait défaut aux convocations du ban et de l'arrière-ban.

Le 4 avril 1598, la même année où la baronnie de Flers était érigée en comté (4 avril 1598), Henri IV lui

_____

(1) Une lettre, que nous donnons à l'*Appendice*, en est la meilleure preuve.

accordait l'exemption de loger des gens de guerre (1),
faveur qu'il étendit à Condé-sur-Noireau le 4 avril suivant. Il lui donne, le 23 mai 1599, « *permission*
« *de faire assemblées et huées sur les loups ès environs de*
« *ses maisons, de tirer et de faire tirer par l'un des*
« *siens, sur les terres qui lui appartiennent, aux oyseaux*
« *de rivière, ramiers, pluviers, et autre gibier non dé-*
« *fendu par les ordonnances* » (2).

Si le lecteur veut entrer dans l'intérieur d'un de ces
châteaux féodaux du XVIe. siècle et voir de près la vie
de ces hauts suzerains, qu'il nous permette de lui faire

(1) « Nous voulons et mandons et très-expressément défendons
« par ces présentes de loger ni souffrir estre logé, rien pris, em-
« porté ni fourrages, aucuns vivres, biens quelconques dans le
« bourg et paroisse de la baronnye de Flers en Normandie appar-
« tenant à notre amé et féal le sieur baron dudit Flers, estant de
« présent près nostre personne; ensemble en les paroisses de Caligny,
« Cerisy et Montilly et autres qui dépendent d'icelle baronnye, sans
« son gré, congé ou consentement ou de ses gens fermiers ou aultres
« ayant charge de lui, et chacun des lieux susdits, lesquels bourgs
« et paroisses ensemble les dits fermiers ou aultres personnes nous
« avons pour plusieurs considérations pris et mis, prenons et met-
« tons en notre protection et sauvegarde spéciale.

« Donné à Angers, le 4 avril 1598.

« *Signé* HENRI. »

(2) *Chartrier du château de Flers.*

lire quelques lettres extraites de la volumineuse correspondance de Loys de Rohan avec son gendre Nicolas de Pellevé. La première est du 15 juillet 1600 :

« Monsieur de Flers,

« *Dieu mercy nous portons bien séans comme vous*
« *pourra dire le porteur par lequel vous m'avez envoyé*
« *le chien et la lisse ; ceux qui les voye les tienne beaux,*
« *s'ils sont bons je les garderai si Dieu plaist. Je vous*
« *en remercie affectionnement comme je fais des melons*
« *dont je mange à ce soir comme pourra dire ce dict*
« *porteur et vous dire sans mentir et sans flatter qu'ils*
« *sont très-bons et si ung aultre que vous m'eust dit qu'i.*
« *eussent été de ce pays là, je ne l'eusse pas aysement*
« *creu, car nous en mangeons séans les meilleurs qui se*
« *puissent guère trouver, mais en vérité ils ne font pas*
» *de honte à ceulx que vous m'avez envoyés. Ma fame*
« *en a eu sa part. Je vous en remercie donc encore ung*
« *coup. Le roy partit pour aller en Limousin encore que*
« *ceulx qui ont fait les fous eussent envoyé vers Sa Majesté*
« *luy offrir toute obéissance. Il ne cesse pour cela d'y*
« *envoyer l'une des chambres du parlement de Paris*
« *avecque ung président et des conseillers pour chastier*
« *ces rebelles et leurs semblables. Je suis fort à votre*
« *commandement et de bon cœur je me recommande à*
« *toutes vos bonnes prières et bonnes grâces sans oublier*
« *ma fille et sur ce je prie Dieu qu'il vous continue sa*
« *paix et qu'il vous tienne tous deulx,*

« Monsieur le Comte, *en sainte et digne garde.*

« LOUYS DE ROHAN. »

La seconde est du 21 février 1604 :

« Monsieur le Comte,

« *J'ai à ce matin reçu vostre lettre, par laquelle j'ay*
« *entendu de vos bonnes nouvelles que je supplie Dieu*
« *vous contynuer telles. Les notres sont assez bonnes,*
« *Dieu mercy. Je vous remercye de votre venaison, de*
« *laquelle, avec l'aide de Dieu, nous mangerons demain*
« *après avoir ouï la messe et en boyrons à vous et à votre*
« *santé. Vous n'aviez besoing de me faire excuse de ne*
« *m'estre venu veoir, car je ne doupte point de votre*
« *bonne volonté et que quand j'aurois besoing de vous*
« *vous m'assisteryez vollontiers comme je le ferois si*
« *vous avyez affaire de moy; j'espère, avec l'aide de*
« *Dieu, en allant ou revenant de Bretaigne, vous aller*
« *viziter et scavoir sy ma fille est aussi bonne ménagère*
« *comme elle en a le bruit en ce pais, mays ce qui me la*
« *fait plus estymer, c'est que l'on m'a assuré qu'elle vous*
« *ayme et honore comme une femme de bien doibt faire*
« *son mari. Je vous prie de faire toujours estat de moy*
« *qui me recommande de bon cœur à toultes vos bonnes*
« *prières et bonnes grâces, sans oublier ma fille et suplie*
« *Dieu qu'il vous continue sa paix et qu'il vous tienne,*
« Monsieur le Comte, *en sa sainte et digne garde.*

« Votre affectionné beau-père et assuré amy,

« LOUYS DE ROHAN (1). »

(1) *Chartrier du château de Flers.* Voir, à l'*Appendice*, une
troisième lettre de Loys de Rohan.

Le même jour où Loys de Rohan faisait ce bel éloge de sa fille, la reine Marie de Médicis écrivait à Mme. de Flers, pour la prier de tenir en son nom, *sur les saints fonds du baptesme,* la fille du baron de Poilley (1).

Dans son histoire de Condé-sur-Noireau , l'abbé Beziers, en parlant des protestans, nous dit que Nicolas de Pellevé leur interdit l'exercice de leur religion sur ses terres; mais il ne fixe aucune date à cette défense. Les protestans se retirèrent alors dans la paroisse de Proucy. Ce fut un de leurs griefs dans le manifeste qu'ils publièrent en 1621, à la suite de l'assemblée de la Rochelle (2).

Il ne nous reste plus qu'à rappeler à leur date les nombreuses faveurs dont fut comblé Nicolas de Pellevé par Louis XIII, faveurs dont le bourg de Flers eut aussi sa part.

Le 12 septembre 1615, le roi « désirant, comme il « le dit dans ses lettres-patentes, gratifier et favora- « blement traiter en tout ce qu'il sera possible son « amé et féal le comte de Flers , défend sous peine de « désobéissance et d'encourir son indignation, de loger

(1) Voir à l'*Appendice.*

(2) *Histoire de Condé-sur-Noireau* , par Beziers.—*Recherches sur la France,* par Herissant.

« ni de souffrir loger aucuns gens de guerre dans le
« comté de Flers. »

Ainsi à toutes les époques, grâce à l'intervention
puissante de ses seigneurs, le bourg de Flers échappa
aux souffrances, aux ravages de la guerre civile.

Au mois de novembre, Louis XIII fait plus encore ;
sur la demande de Nicolas de Pellevé, il accorde au
bourg de Flers le privilége de deux nouvelles foires ;
la première, le lendemain de la fête de Pâques ; la
seconde, le lendemain de la Pentecôte, *pour estre
tenue chacune d'elles durant trois jours entiers et consécutifs* (1).

Rien ne manqua à Nicolas de Pellevé, pas même
l'encens des poëtes : Sonnet de Courval (ce poëte Vi-
rois connu par sa satire contre les femmes, où Boileau
a puisé, dit-on, et dont la muse un peu libre est de
l'école de Regnier) lui a dédié sa satire contre les
charlatans. Et dans le style ampoulé de l'époque :
« Monseigneur, lui dit-il, à l'exemple des printanières
« arondelles, je me contenteray de razer simplement
« à fleur de tête pour vous supplier, au nom des Muses
« (dont vous estes le mignon) qu'il vous plaise jetter

(1) Voir, à l'*Appendice*, les *lettres-patentes de Louis XIII*, pour
la création de ces deux foires.

« les rayons de votre douce faveur sur cette satire ou
« combat littéral contre les empyriques ou charlatans,
« desquels j'espère, targué de votre aultorité, rem-
« porter une glorieuse victoire et de leurs despouilles
« préparer une trofée pour l'appendre à vos pieds,
« comme jadis les anciens Romains, les despouilles de
« leurs ennemis aux pieds de la statue de leur Jupiter
« Capitolin. »

CHAPITRE IV.

Enfans laissés par Nicolas de Pellevé. — Partage entre Louis
et Pierre de Pellevé. — Louis de Pellevé, seigneur de Flers
et de Condé. — Il reçoit de Louis XIII commission de lever
une compagnie de chevau-légers. — Triste situation de la
France depuis 1610. — Le maréchal d'Ancre en Normandie.
— Louis de Pellevé reçoit l'ordre, le 1er. septembre 1616,
de lever un régiment de dix compagnies de gens de pied. —
Licenciement de ce même régiment le 17 octobre suivant. —
Campagne de Louis XIII en Normandie. — Réflexions de
Richelieu sur la déroute de la coalition féodale. — Revue du
régiment levé par Louis de Pellevé. — Louis XIII autorise
le tir au papegaut dans le comté de Flers. — Lettres-patentes de Louis XIII octroyant huit foires à Flers. — Priviléges accordés aux écoles de Flers. — Les écoles de la
vicomté de Domfront aux XVIe, XVIIe et XVIIIe siècles. —
Les côtes de Normandie sont menacées. — Menées des re-

ligionnaires. — Lettre du duc de Longueville à Louis de Pellevé, à cette occasion. — Louis de Pellevé reçoit l'ordre de se rendre à Évreux. — Sa mort. — Pierre de Pellevé, son frère, devient seigneur de Flers. — Son contrat de mariage avec Henriette Du Refuge. — Il se jette dans le parti de la Fronde. — Il reçoit l'ordre du prévôt des marchands de Paris de lever un régiment d'hommes de pied. — Le duc de Longueville lui donne commission de lever un régiment de cavalerie. — La Fronde peu populaire en Normandie. — Sommes que reçoit Pierre de Pellevé pour ces levées de troupes. — Il vend une à une ses seigneuries. — Sa mort.

D'Isabeau de Rohan, Nicolas de Pellevé eut deux fils : Louis, l'aîné, devenu comte de Flers par la mort de son père ; Pierre, baron de Tracy, comme les cadets de sa branche, et une fille, Renée de Pellevé, mariée le 7 juillet 1616, à Tanneguy d'Oilliamson, enseigne de 100 hommes d'armes des ordonnances du roi sous la charge de M. de Matignon : ce Tanneguy était fils de Thomas d'Oilliamson (1), lieutenant de 100 hommes

(1) Thomas d'Oilliamson s'intitulait seigneur de St.-Germain, du Mesnil-Hermé, de Lonlay-le-Tesson, Cahan, la Nocherie (Haute-Chapelle). Il remontait à Thomas d'Oilliamson, archer, en 1495, de la garde écossaise, qui épousa Marguerite Rault, fille et héritière de Guillaume Rault, s^r. du Mesnil-Hermé.

d'armes de Sa Majesté sous la charge de M. de Carrouges, et de Loïse Tiercélin, dame de Possé. Le contrat de mariage de Renée de Pellevé contient cette clause qui, aujourd'hui, semblerait exorbitante pour le « mari : « *Le dict seigneur comte habillera la dicte de-* « *moiselle et lui donnera des pierreries à sa discrétion.* « En cas de décès du dict seigneur de Possé, la dicte « demoiselle pourra reprendre son carrosse attelé de « quatre chevaux (1). »

Renée de Pellevé reçut en dot 54,000 livres. Pour garantie de cette somme, une hypothèque lui fut donnée sur la terre de Caligny, jusqu'à concurrence de 48,000 livres.

Le 14 janvier 1619, Louis et Pierre de Pellevé firent partage. Louis prit, à titre d'aîné et par préciput, dans la succession paternelle, le comté de Flers; et dans la succession maternelle, la seigneurie de Condé-sur-Noireau. Pierre eut pour sa part une pension annuelle de 2,000 livres, la baronnie de Caligny et une somme

______

(1) Le contrat de mariage est conservé dans le *Chartrier du château de Flers.* — Il fut passé devant Jacob Hallebout et Charles Aubry, tabellions, à Flers, en présence de Robert de Renneville, sr. d'Athis, et de Jean-Paul de St.-Germain, écuyer, seigneur de St.-Pierre.

de 48,000 livres pour dégager cette terre de l'hypothèque qui garantissait la dot de sa sœur (1).

Occupons-nous d'abord de Louis de Pellevé.

Le 12 novembre 1615, il reçut commission du roi Louis XIII de lever une compagnie de chevau-légers. Depuis 1610, on était sous une fronde continuélle et en quelque sorte chronique. « Ce temps était si misé« rable, dit Richelieu dans ses Mémoires, que ceux-« là étaient les plus habiles parmi les grands qui « étaient les plus industrieux à faire des brouilleries « et les brouilleries étaient telles et il y avait si peu « de sûreté en l'établissement des choses que les mi-« nistres étaient plus occupés aux moyens nécessaires « pour leur conservation qu'à ceux qui étaient né-« cessaires pour l'État. »

Il y avait double gouvernement : celui du roi et celui des princes révoltés ; pour traverser la France et se rendre à Bordeaux où devaient se célébrer les fêtes de son mariage, le jeune roi se fit accompagner par une armée. Le traité de Loudun (3 mai 1616), au lieu d'une paix durable, n'amena qu'une pacification provisoire ; il était onéreux pour le Trésor,

(1) *Chartrier du château de Flers. Contrat de mariage de Renée de Pellevé.*

tout à l'avantage des princes et ne contenta personne.

Inquiet pour sa propre sûreté, le maréchal d'Ancre, auquel le prince de Condé venait de retirer la sauvegarde qu'il lui avait accordée à son retour à Paris, crut prudent de se réfugier dans son gouvernement de Normandie qu'il avait échangé, un peu malgré lui, contre une partie de la lieutenance de Picardie. Il n'avait pas attendu ce moment pour s'y mettre sur un bon pied de défense : dès le 16 juillet 1616, Louis de Pellevé avait reçu l'ordre de lever un régiment de dix compagnies de gens de pied (de cent hommes chacune), dont trois devaient être prises dans la ville de Villedieu, *estant le lieu le plus commode à cet effect* (1).

L'arrestation du prince de Condé (1er. septembre 1616), résolution hardie conseillée par Richelieu qui, sans avoir encore une position officielle dans le Conseil, y était déjà favorablement écouté et imprimait une direction plus énergique aux affaires ; l'accommodement partiel fait avec les ducs de Mayenne, de Vendôme, de Bouillon et de Longueville ; l'avortement complet du mouvement qu'aurait pu amener l'empri-

______

(1) *Chartrier du château de Flers.*

sonnement du prince de Condé, toutes ces causes réunies permirent au roi de désarmer et, le 17 octobre suivant, il enjoignait à Louis de Pellevé d'avoir à licencier le régiment levé par lui quelques mois auparavant.

« Ayant pleu à Dieu, ajoutait le roi au comte de « Flers, me donner la paix, je ne dois plus avoir autre « soing que de la donner à mon peuple, le descharger « de la foulle d'oppression qu'il a eue en ce dernier « mouvement. Je suis fort content du bon service que « vous m'avez rendu en ceste dernière occasion, vous « assurant qu'aux premières guerres, s'il plaît à vous, « vous serez des premiers employez (1). »

La mort du maréchal d'Ancre (24 avril 1617) ne changea rien à la situation. Le favori du fils remplaça le favori de la mère ; ce ne fut, à vrai dire, qu'une révolution de palais.

A quelques années de distance, la ligue des grands seigneurs se reforma de nouveau, se groupant autour de Marie de Médicis, retirée à Angers. Cette nouvelle coalition ne comptait pas moins de dix-sept grands seigneurs, officiers de la couronne ou gouverneurs de province. Malgré les conseils de Richelieu, dont le sentiment était « qu'il n'y avait pas si mauvaise paix

____

(1) *Chartrier du château de Flers.*

qui ne vaille mieux qu'une guerre civile, » une prise
d'armes fut décidée. Henri d'Orléans, duc de Longueville, nommé, en 1619, gouverneur de Normandie,
chercha à soulever Rouen et à entraîner toute la province dans cette coalition féodale. Louis XIII, dans ces
circonstances difficiles, déploya une grande énergie;
quand la partie timide de son Conseil hésitait encore,
il se rangea du côté de ceux qui voulaient qu'il mar-
chât droit à la révolte; « parmi tant de hasards qui se
« présentent, s'écriait-il, il fault entrer au plus grand
« et au plus prochain qui est la Normandie. Mon advis
« est de m'y en aller tout droict et n'attendre pas à
« Paris, de voir mon royaume en proye et mes fidelles
« serviteurs opprimez. »

Pour contre-balancer en Basse-Normandie l'influence
et les intrigues du duc de Longueville, il jeta les yeux
sur Louis de Pellevé, dont la fidélité ne lui avait jamais
fait défaut. Le 11 juillet, il lui donna l'ordre de lever
un régiment de dix compagnies de cent hommes (1).

(1) *Chartrier du château de Flers.* — Charles de Matignon, gouverneur de Normandie, donna, le 31 juillet, son consentement à la
levée de ce régiment; et, le 27 juillet, Louis XIII donna ordre de
laisser passer des armes pour *l'équipement de ce même régiment.* —
Voir, à *l'Appendice,* la *Commission donnée par Louis XIII à Louis
de Pellevé.*

La campagne de Normandie fut courte. Entré presque sans résistance dans Rouen, Louis XIII, en plein parlement, déclara le duc de Longueville déchu du gouvernement de la province. Le 15 juillet, il se présenta devant Caen dont les habitants lui étaient restés fidèles; un capitaine, nommé Prudent, s'était emparé du château et ne le rendit qu'à la fin de juillet, par l'entremise du marquis de Beuvron, qui obtint aussi la soumission de Falaise. A l'approche de l'armée royale, le comte de Belin, qui occupait le château d'Alençon, abandonna la place; Lisieux, Verneuil et Mortagne suivirent cet exemple, mais ces rapides succès ne firent négliger à Louis XIII aucune précaution : le 4 août, il mandait de Mortagne à Louis de Pellevé :

« Monsieur le comte de Flers,

« Estant nécessaire pour le bien de mon service que
« mon beau-frère, le duc d'Elbeuf, soit promptement
« assisté des forces que j'ai destinées pour me servir
« près de luy en ma province de Normandie, je vous
« escrits ceste lettre pour vous en advertir affin que
« hastiez la levée du régiment et des cinquante cara-
« bins que je vous ai ordonné de faire et vous ac-
« cédiez au temps et lieu que mon beau-frère vous

« mandera, donnant ordre que vos soldatz vivent de
« sorte par les chemins que je n'en reçoive aucune
« plainte, a quoy m'assurant que vous ne manquerez
« d'appörter les soing et diligence requises, je prie
« Dieu qu'il vous ayt, Monsieur le comte de Flers, en
« sa sainte garde.

« LOUIS. »

Le combat du Pont de Cé, cette défense tremblante,
comme l'appelle le duc de Rohan, amena une transaction (16 août 1620) et la réconciliation de la mère
et du fils. C'est dans les Mémoires de Richelieu que se
trouve la véritable explication de cette prompte déroute de la Ligue féodale. « Je reconnus, dit-il en
« cette occasion, que tout parti composé de plusieurs
« corps qui n'ont aucune liaison que celle que leur
« donne la légèreté de leurs esprits, n'a pas grande
« subsistance; que ce qui se maintient par une autorité
« précaire n'est pas de grande durée; que ceux qui
« combattent contre une puissance légitime sont à demi
« défaits par leur imagination (1). »

Pour prévenir de nouveaux troubles en Normandie,

(1) Lettres, instructions, papiers d'État, publiés par M. Avénel.
Collect. des docum. historiques.

Louis XIII n'eut garde, cette fois, de donner contre-ordre aux troupes qu'il avait fait mettre sur pied. Le 27 septembre 1620, le régiment levé par Louis de Pellevé fut passé en revue dans une plaine, près de Condé-sur-Noireau, par François Le Hantis, écuyer, sieur de la Braguetière, commissaire ordinaire des guerres (1).

En janvier 1630, Louis XIII autorisa, dans le comté de Flers, le tir au papegai ou papegaut. Voici les lettres d'octroi qu'il adressa à Louis de Pellevé (2) :

(1) *Chartrier du château de Flers.*

(2) Papegai ou papegaut. Voici ce qu'en dit un vieux poème imprimé à Caen, en 1687, et cité par M. Pluquet, dans son *Histoire de Bayeux :*

> Le privilége d'an en an
> De vendre vin et sidre en ville
> Sans en payer croix ne pille ;
> De quatrième ni d'octrois
> S'entend pour un seul à la fois ,
> Qui par bonheur ou par adresse
> L'oiseau mettoit à la renverse.

Pluquet, *Hist. de Bayeux*, page 239.

Les jeux de l'arquebuse cessèrent à la fin du XVIIe. siècle. François Ier. avait accordé, en 1547, aux habitans de Bayeux, la permission de s'appliquer aux jeux de l'arc, de l'arbalestre et de l'arquebuze. A Caen, les jeux du papeguai commençaient après Pâques, ils se renouvelaient tous les dimanches après les vêpres et se prolon-

« Nostre cher bien amé Louis de Pellevé, comte de
« Flers, chastelain et haut-justicier de Condé-sur-
« Noireau, nous a humblement remonstré que le bourg
« de Flers et la ville de Condé à lui appartenants, sont
« peuplés et habités de grand nombre de gentz, bonne
« partie desquelz se sont rendus assez adroicts aux
« exercices millitaires, ayant été employés à nostre
« service sous la charge du dit exposant, lequel nous
« aurions honoré de plusieurs commissions pour lever
« et mettre sus un régiment de dix compaignies de
« gentz de guerre à pied, une compaignie de chevaulx-
« légers et une aultre compaignie de carabins et
« avoient de tout temps les devanciers des ditz habitans
« témoigné leur affection au service des roys nos pré-
« décesseurs, y ayant esté pareillement employés par
« les prédécesseurs du sieur exposant, lesquelz auroient
« aussi esté honorez par nos prédécesseurs de plu-
« sieurs belles et grandes charges et particulièrement
« auroient iceulx devanciers des dits habitans fait
« paroistre leur singulière affection au bien service de
« nostre estat et royaume de France du temps de la
« ligue, que la plupart de nos subjetz de Normandie
« et aultres provinces auroient pris les armes contre
« le roy Henri III d'heureuse mémoire et continué la

geaient tout l'été. En 1511, le prix à décerner aux vainqueurs était
de 60 sols d'argent. Des lettres-patentes de Henri II, année 1557,
en parlent comme d'exercices anciennement établis. *Histoire de la
ville de Caen*, par Vaultier, p. 311. En 1579, le duc François
établit le tir du papegaut à Alençon.

« guerre jusques lors et quelque temps après l'avéne-
« ment à la couronne de nostre très-honoré seigneur
« et père Henry-le-Grand que Dieu absolve, n'ayant
« iceulx habitans craint ni redoubté les forces des
« ennemys, quoiqu'ils en feussent environnez de touttes
« parts, ains estant tousjours demeurez fermes à con-
« server les ditz lieux de Flers et de Condé en l'obéis-
« sance des roys, sous la bonne conduicte des prédé-
« cesseurs du sieur exposant et d'aultant que icelui
« sieur exposant, désirant les ditz habitans de Flers et
« de Condé estre entretenus aux exercices millitaires,
« nous a humblement requis tant pour aucune foys
« prendre récréation que aussi grand besoin seroit
« eulx employer à la garde et deffense des lieux et
« pays si affaire y survenoit, qu'ils puissent une foys
« l'an durant le moys de may tirer du mousquet et de
« l'harquebuze au papegault en tels lieux de Flers et
« de Condé que le dit exposant et ses successeurs sera
« advisé à ordonner et qu'il nous pleust pour les y
« amener faire grâce et libéralité et octroyer à celui
« qui abattera le papegault avec le mousquet comme
« aussi avec l'harquebuze de pouvoir amener, vendre
« et distribuer en menu et détail et de tel lieu et pays
« que bon leur semblera aux ditz lieux de Flers et de
« Condé, durant la dite année qu'il l'auroit abattu,
« tous vins, cildres, poirées et aultres boissons francz
« quittes et exemptz de tributz, droitz, impotz ou
« debvoirs, subsides, aydes, subventions et impo-
« sitions quelconques (1). »

(1) *Chartrier du château de Flers.*

Louis XIII lui accorda bientôt une faveur dont le souvenir sera plus durable : Louis de Pellevé lui ayant exposé dans une requête que, *dans le comté de Flers, il y avait un bourg scitué et scis en pays assez fertille en bled, bétail et autres choses nécessaires et commodes, bien construit et peuplé d'un grand nombre de maisons, habitans et marchandz bien aisez, trafiquant avec leurs voisins,* il concéda, au mois de janvier 1630, quatre foires pour etre tenues : *le prochain mercredy devant le jour de caresme prenant, le mercredy de la micaresme, le prochain mercredy devant la saint Simon, le prochain mercredy devant la saint André,* et par de nouvelles lettres-patentes datées du même mois, quatre autres foires, à savoir : *le prochain mercredy d'après la fète des roys, le prochain lundy avant les rogations, le quinzième jour de septembre et le prochain mercredy d'après le jour et fête de la Conception Nostre-Dame, pour y estre en iceulx jours doresnavant perpétuellement et à touz jours gardez et observez,* et celles du lundy prochain avant les rogations et quinzième septembre *durant chacune trois jours entiers et consécutifs et les autres un jour entier* (1).

Enfin, comme dernier témoignage de la satisfaction

______

(1) Voir à l'*Appendice.*

qu'il avait eue des bons et loyaux services du comte
de Flers, Louis XIII lui octroya de grands priviléges
pour les écoles de Flers. Nous donnons, en son entier,
ce document si précieux pour notre histoire locale :

« Nostre cher et bien amé Louis de Pellevé, che-
« valier, comte de Flers, seigneur, chastellain et haut-
« justicier de Condé-sur-Noireau, nous a fait humble-
« ment remonstrer qu'en sa terre et comté de Flers,
« entre autres droits il a celuy d'establir et instituer
« des escoles ausquelles ses vassaux sont sujets d'envoyer
« leurs enfans pour y estre instruits et enseignez; ce
« qui a obligé ledit sieur exposant pour le bien et
« utilité publique, décoration et ornement dudit
« comté, de faire recherche de Maistres Regens,
« hommes doctes, de bonnes vie et mœurs, faisant
« profession de la religion catholique, apostolique et
« romaine, capables et bien versez en la langue latine,
« pour enseigner les bonnes mœurs, les lettres hu-
« maines et la philosophie aux escoliers estudians
« desdites escoles : lesquels Maistres Regens à présent
« font ledit exercice dans le bourg dudit lieu de Flers,
« ce qui apporte un grand bien et commodité aux
« habitans dudit bourg et des lieux circonvoisins qui
« n'avoient les moyens, facultez et commoditez d'entre-
« tenir leurs enfans ès universitez establies ès grandes
« villes de nostre royaume; ne délaisseront néantmoins
« lesdits enfans de devenir autant capables, estudians
« audit lieu de Flers, de servir le public, comme
« s'ils avoient estudié esdites universitez et désirant

« l'exposant, outre lesdits Maistres Regens d'humanité
« et philosophie, y establir autres personnes capables
« pour y enseigner les aultres arts et sciences utiles,
« honnestes et permises, pour davantage rendre célèbres
« et illustrer lesdites escoles, il nous a humblement
« requis nos lettres d'approbation et confirmation à ce
« nécessaires. Sçavoir faisons, que approuvant le
« loüable dessein dudit exposant, et inclinant à sa
« supplication et désirant le gratifier en cette occasion,
« en considération aussi des bons et agréables services
« que ses prédécesseurs et luy ont rendus aux roys
« nos prédécesseurs et à nous, avons confirmé et ap-
« prouvé, confirmons et approuvons par ces présentes
« signées de nostre main ledit droit d'escole audit
« exposant en sa dite terre et comté de Flers, pour
« y estre fait et continué l'exercice d'icelles d'ores-en-
« avant, perpétuellement et à toujours, et y estre les
« lettres humaines, la philosophie et autres arts et
« sciences utiles, honnestes et permises, enseignées
« par telles personnes capables qui feront profession
« de la religion catholique, apostolique et romaine,
« qui seront choisies, élevées et establies pour cet effect
« par ledit sieur comte de Flers, ses successeurs et
« ayans-cause. Données à Paris, au mois de janvier,
« l'an de grâce mil six cens trente. Et de nostre règne
« le vingtiesme.

« LOUIS. »

Ce serait se tromper étrangement que de croire
que ce fut à Flers seul que, dans ces temps que nous

accusons d'ignorance, on ait établi des écoles : dans un aveu rendu, en 1547, à François de Grimouville pour la baronnie de Larchamp, nous avons constaté l'existence d'écoles auxquelles les tenanciers de cette baronnie étaient obligés d'envoyer leurs enfans (1).

Le précieux Registre de l'Hôpital de Domfront nous apprend que, vers la même époque, en 1542, le doyen de Passais confirma le prieur de St.-Symphorien de Domfront dans le droit de nommer tous les maîtres d'écoles dans la vicomté de Domfront (2).

Dans des temps plus rapprochés de nous, nous trouvons qu'en 1676, Nicolas de Saint-Sauveur, de l'assentiment des paroissiens de S^{te}.-Honorine-la-Chardonne, employa une somme de 180 livres, léguée par Jacob de Saint-Sauveur, pour établir une école à l'effet d'y instruire les enfans pauvres, comme le dit la charte de fondation, *tant aux lettres qu'à la crainte de Dieu* (3).

Enfin nous trouvons qu'en 1740, Marguerite Lemaître, veuve de messire de Saint-Germain, seigneur d'Athis, donna 150 livres pour la création d'une école. Aux termes de cette dernière fondation, le curé de

(1) *Chartrier du château de Flers.*

(2) *Archives d'Alençon.*

(3) *Chartrier du château de St.-Sauveur.*

la paroisse était astreint à tenir les classes dans un local proche l'église et d'instruire gratuitement et ensemble les enfans pauvres et les enfans du seigneur du lieu. Certes, nous ne connaissons pas d'exemple d'égalité ni plus touchant, ni plus louable (1).

Retournons sur nos pas, pour ne rien oublier des services militaires rendus par Louis de Pellevé. De 1621 jusqu'à la prise de la Rochelle (novembre 1628), les côtes de Normandie furent toujours menacées. Dans les registres du Parlement de Rouen, dont M. Floquet a fait un si intelligent dépouillement, il n'est question que des menées des religionnaires, de leurs conférences, de leurs pratiques secrètes contre l'autorité du roi. La ville de Vire, en 1628, faillit tomber entre les mains des Rochellois et des Anglais unis, avec lesquels étaient en perpétuelle intelligence les derniers débris des bandes protestantes que Mont-chrétien avait réunies dans la forêt d'Andaine. Cette tentative de diversion avait pour but de faire lever le siége de la Rochelle. C'est à l'occasion de toute cette agitation que le duc de Longueville écrivit à Louis de Pellevé, le 22 juillet 1628 :

« MONSIEUR,

« Voyant que jusqu'icy les Anglois n'ont fait aulcun

(1) *Trésor de l'église d'Athis.*

« progrès à la Rochelle et que par le bon ordre que le
« roy a mis ils se voyent hors d'espérance d'y faire
« réussir leurs desseings , il est à croyre qu'ilz ne
« vouldront pas partir de leurs ports inutilement et
« qu'ils chercheront l'occasion d'exécuter quelqu'en-
« treprise sur cette province. C'est pourquoi je juge
« qu'il est bon d'user de quelque prévoyance pour
« n'estre pas surpris et pour cet effet je vous fays
« cette lettre, affin de vous dire que vous faciez advertir
« la noblesse de vos quartiers de se tenir preste à
« marcher au premier mandement pour se porter au
« lieu qui leur sera ordonné. Et si à l'entour de vous
« il se passe quelque chose qui vienne à votre cognois-
« sance , vous m'en tiendrez promptement adverty.
« De quoy me reposant sur vos soings et vigilance je
« demeure ,

> « Monsieur ,

>> « Votre très-affect^{mué}. à vous faire service ,

>>> « Henry d'Orléans. »

En 1635, Louis XIII ayant voulu commander en
personne l'expédition destinée à agir contre le duc
Charles de Lorraine, qui avait repris l'offensive ; et pour
donner plus d'éclat à cette guerre , le ban et l'arrière-
ban de la noblesse ayant été convoqués , Louis de
Pellevé reçut l'ordre de rejoindre le duc de Longueville
à Évreux, et d'y conduire les gentilshommes, ses voisins. C'est la dernière lettre adressée à Louis de Pel-

levé, que nous ayons pu retrouver dans *Chartrier du château de Flers*. Elle est datée du 6 juillet 1635 (1).

Louis de Pellevé étant mort, en 1638, sans avoir été marié, Pierre de Pellevé, son frère cadet, devint à cette date comte de Flers. Il avait épousé, le 29 juillet 1631, noble demoiselle Henriette de Refuge, fille de Henri de Refuge, et de Anne de La Houville. Elle lui avait apporté en dot la terre de Bullou.

(2) 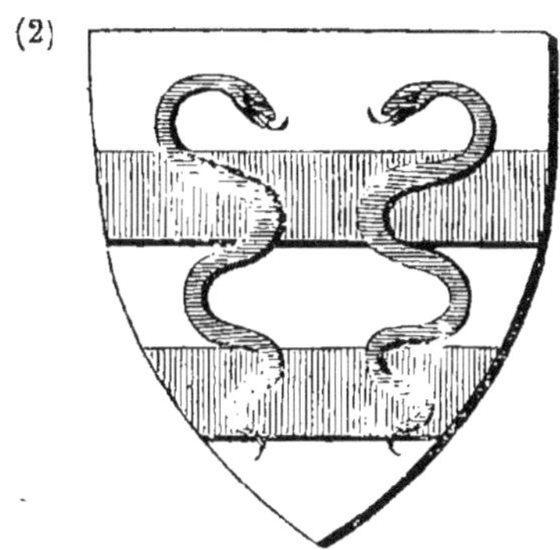

Quand vinrent les troubles de la première Fronde, Pierre de Pellevé n'avait qu'à s'inspirer des exemples de fidélité que lui avaient légués ses ancêtres : sa voie

(1) Voir à l'*Appendice.*

(2) Anne de La Houville avait épousé, en secondes noces, Frédéric Canaye, chevalier, seigneur de Fresnes.

Armes de Refuge : d'argent, à deux fasces de gueules et deux serpens d'azur, tortillés ou ondoyans en pal, affrontés et brochant sur le tout.

était tracée et sa place marquée à l'avance sous la bannière du comte d'Harcourt qui tenait pour le roi en Normandie ; mais soit ambition, soit faiblesse, il se laissa entraîner, par le duc de Longueville, dans les rangs de la Fronde.

Le petit-fils de Henri de Pellevé, qui avait tenu la Ligue en échec en Basse-Normandie, reçut du prévôt des marchands et des échevins de la ville de Paris la commission de lever un régiment ; elle est datée de la fin de janvier 1649 et porte en tête : « De par le roy et les prevots des marchands et eschevins de la ville de Paris » et pour signatures : « Leferon, Hachette, Helgon, Lescot, Curmer (1). »

Le 23 février suivant, le duc de Longueville lui donna commission de lever un régiment de cavalerie légère (2).

Le même jour, il l'invita à lever un régiment d'infanterie de dix compagnies.

Le 26 du même mois, il le nomma maréchal-de-camp et lui enjoignit, en ces termes, de courir sus aux troupes royales :

« Il est ordonné au sieur comte de Flers, maréchal

(1) *Chartrier du château de Flers.*

(2) Voir à l'*Appendice.*

« de camp, de charger et courre sus aux trouppes
« qui seront dans l'étendue de nostre gouvernement
« sans avoir nostre attache, se saisir de tous ceux
« qu'il reconnestra tenir pour le party contraire et
« faire cabale et pratiquer contre le repos de la
« province. Mandons à tous ceux sur lesquels nostre
« pouvoir s'étend ainsy qu'aux communes, bourgs et
« villages et paroisses, de s'armer pour cette effet en
« cas de besoing pour prester main-forte audit sieur
« comte de Flers, pour l'exécution de ce que dessus
« et recevoir et obéir à ses ordres.

« Duc de LONGUEVILLE (1). »

Disons-le en passant, rien ne fut moins populaire
que la Fronde dans notre province. Le Parlement eut
beau demander à tout village ou bourg déclos payant
moins de 501 livres de taille de fournir un homme de
pied, armé d'épée et de mousquet; et aux villages
payant de 501 à 1000 livres d'équiper deux hommes,
les Normands firent la sourde oreille. Pour vaincre
cette inertie intervint un nouvel arrêt du Parlement
de Rouen, augmentant de 100 livres la taxe des villages qui n'avaient pas répondu à ce premier appel
d'hommes : c'était là de la guerre civile à coups d'arrêts
et de réquisitoires. Au reste, les chefs de la Fronde

______

(1) *Chartrier du château de Flers.*

ne faisaient pas grand fond sur les dispositions belli-
queuses de la Normandie. Parlant au duc de Beaufort,
de l'armée du duc de Longueville : « Vous sçavez
« ce que c'est , disait le cardinal de Retz, nous la
« disons de 7,000 hommes de pied et de 3,000 che-
« vaux , et nous ne disons pas vrai de plus de moitié.
« Nous l'avons tant promise et nous l'avons si peu
« tenue que nous n'osons plus en parler (1) ».

Cette armée coûta gros. Du 10 février au 22 mars,
les chefs ne reçurent pas moins de 516,023 livres. Il
n'en eût guère fallu plus, remarque l'historien du
Parlement de Normandie , pour aller en Angleterre et
jeter bas Cromwel (2).

Pierre de Pellevé ne fut point oublié dans la répar-
tition de cette somme , considérable pour l'époque. Le
29 mars 1649, le duc de Longueville ordonna au sieur
de Girardin , receveur des finances de Caen, de déli-
vrer au comte de Flers 32,000 livres, savoir : 20,000
livres pour la levée de la moitié d'un régiment de
cavalerie , 12,000 livres pour la levée d'un régiment
de dix compagnies armées de piques et de mous-
quets (3).

(1) Mémoires du cardinal de Retz.

(2) Floquet, *Histoire du Parlement de Normandie*, t. V, p. 318.

(3) *Chartrier du château de Flers.*

La paix de St.-Germain mit fin à cette première Fronde, mais ne rendit pas le repos à notre contrée qui fut saccagée et pillée par les soldats débandés de cette armée improvisée. On peut juger du mal par ce singulier aveu du duc de Longueville, venant dire à la Grande-Chambre : « qu'il a veu en Normandie « beaucoup de lieux où l'ennemy n'eût point fait plus « de mal ».

Pour avoir voulu jouer un rôle politique, Pierre de Pellevé laissa au triste jeu de la guerre civile ses plus belles seigneuries. Les fiefs du Quesnay, de Tracy, de la Landelle, de Préaux ne purent suffire à désintéresser ses créanciers. En 1652, les terres de Caligny et des Bots furent décrétées; en 1653, la terre de Condé fut engagée à M. de Guemené, pour les arrérages de 5,833 livres qu'il avait droit d'y prendre; quelques années plus tard le retrait en fut fait au profit du marquis de Chaumont-Guitry. Enfin, en 1659, les terres de Flers et de Condé elles-mêmes furent décrétées sur la demande du sieur Busnel, lieutenant criminel à Bayeux, par une somme de 18,000 livres (1).

(1) Le marquis de Guitry forma opposition au décret, évoqua l'instance et fit un conflit en réglement de juges au privé conseil qui ne finit qu'en 1676. En 1672, Louis Berryer, le garde-des-sceaux au nom de la direction des créanciers du marquis de Guitry, saisit

Pierre de Pellevé ne survécut que de peu à ce dernier revers. Il mourut à Paris où il s'était retiré, le 10 septembre 1659, ne laissant pas même de quoi faire rapporter son corps à Flers.

de nouveau la terre de Condé, laquelle fut comprise dans l'ordre des biens du marquis de Guitry. Puis à la mort de Louis Berryer, en 1684, les créanciers firent casser la saisie opérée par lui et confirmer celle de 1659 (*Chartrier du chateau de Flers*).

CHAPITRE V.

Mort de Louis de Pellevé. — Son testament. — Antoine de
Pellevé , son frère, seigneur de Flers. — Il suit en Portugal le maréchal de Schomberg. — L'ancien château de la
Lande-Patri. — Guillaume Patri , fondateur du prieuré de
la Lande. — L'ancienne baronnie de Larchamp. — Ses seigneurs. — La main de Marie Fauvel promise à Antoine de
Pellevé. — Origine de la maison Fauvel de Lebisey. — Marie
Fauvel est enlevée par Antoine de Pellevé. — Procès criminel qui s'en suit. — Condamnation d'Antoine de Pellevé et
de ses complices. — Il obtient une compagnie de chevau-
légers. — Il est nommé colonel de la noblesse de l'élection
de Vire. — Lettre du duc de Roquelaure. — Antoine de Pellevé est nommé aide-de-camp du prince de Soubise. — Apparition de la flotte de Guillaume d'Orange. — La noblesse
de Vire est envoyée sur les côtes de Normandie. — Lettres
de Matignon à Antoine de Pellevé. — La noblesse de Vire

rentre dans ses foyers. — Elle est de nouveau convoquée à St.-Lo — Procès d'Antoine de Pellevé avec les créanciers de son père. — Il est enfermé à la Bastille. — Descente de la justice de Vire à Flers. — Antoine de Pellevé sort de la Bastille. — Il arrive à Vire, la veille de l'adjudication de la terre de Flers. — David Chesnel, adjudicataire des terres de Condé et de Flers. — Il cède ses droits à Antoine de Pellevé. — Le procès continue. — Mort d'Antoine de Pellevé. — Louis II de Pellevé, son fils unique, devient comte de Flers. — Il épouse Angélique de Gaureaut Du Mont. — Ce qu'était la famille de Gaureaut. — Ce que dit Saint-Simon d'Hyacinthe de Gaureaut Du Mont. — Mort de Louis II de Pellevé. — Hyacinthe-Louis de Pellevé, son fils, seigneur de Flers. — Il épouse Marie-Angélique de La Chaise. — Le comté de Toulouse lui donne permission de chasse dans les forêts d'Argentan et d'Andaine. — Opinion de Saint-Simon sur Hyacinthe-Louis de Pellevé. — Rétablissement des foires de Flers. — Ce qu'elles rapportaient au comte de Flers.

En moins de deux générations, il ne restait plus rien de cette immense fortune, de cette haute position qui un instant avait fait ombrage au maréchal de Matignon.

Voyons comment la maison de Pellevé parvint à se relever de ses ruines.

De Henriette de Refuge et de Pierre de Pellevé étaient sortis deux fils : Louis et Antoine de Pellevé et trois filles : Catherine, Marie-Madeleine et Anne de Pellevé ; cette dernière mariée à Paul de Thieuville (1). Sans asile, réduit le plus souvent à habiter chez un sieur Delaunay, bourgeois de Flers, brouillé avec sa mère, qui s'était remariée à Antoine de Sillans, marquis de Creully et réclamait impérieusement son douaire, Louis de Pellevé mourut, en 1660, à Chanu, où il s'était retiré, laissant trente pistoles au seul page resté à son service et cent écus pour faire dire six cents messes pour le repos de son âme : trois cents à l'abbaye de Belle-Étoile et les trois cents autres dans la paroisse de Flers et dans les paroisses voisines.

Siméon Formage, curé de Chanu et sous-prieur de Belle-Étoile, qui l'avait assisté dans ses derniers moments, voulut bien se charger d'être son exécuteur testamentaire (2).

Antoine de Pellevé, son frère cadet, se trouva alors le seul héritier, nous ne dirons pas du comté, mais du

(1) *Thieuville.* — Armes : contreparty d'argent à deux bandes de gueules accompagnées de sept coquilles aussi de gueules. La branche des Thieuville, qui subsiste dans le diocèse de Coutances, a fait sa preuve, commençant à Nicolas de Thieuville, chevalier, seigneur de Guihebert, en 1299. — Laroque, *Histoire de la maison d'Harcourt*, t. II, p. 2006.

(2) Testament de Louis de Pellevé. — *Chartrier du château de Flers.*

titre de sa famille. Né le 8 juin 1642, il n'avait que 17 ans lorsqu'il perdit son père : il s'engagea d'abord dans les mousquetaires ; mais son manque de fortune le força bientôt de quitter ce corps, pour suivre en Portugal le maréchal de Schomberg, qui commandait les troupes que le roi y envoyait.

En 1666, il se porta héritier bénéficiaire et de son père et de son frère aîné. Mais avant de nous jeter dans le déluge de procès qui remplit une partie de sa vie, parlons de son mariage avec Marie Fauvel (1), héritière, du chef de sa mère, Charlotte de Crux, des baronnies de Larchamp et de la Lande-Patri.

L'espace nous manque pour parler en détail de la Lande-Patri et de son ancien château, où coucha plusieurs fois Jean-sans-Terre ; il nous suffira de rappeler que Guillaume de la Lande-Patri suivit Guillaume-le-Conquérant et se trouva à la bataille d'Hastings. C'est ce même Guillaume Patri qui, pour l'âme de son père

(1) François Fauvel avait acheté, en 1642, l'office de conseiller à la Cour des aydes ; il remontait à Guyot Fauvel, écuyer, dont les trois fils : Pierre, Guyot et Collin, firent partage en 1391. Guyot l'aîné choisit la seigneurie de la Sauvagère ; ses autres frères eurent le fief noble de la Motte, situé dans la paroisse de St.-Clair-de-Halouze et la vavassorie de la Bonnefière.

Chartrier du château de Flers.

et de sa mère, donna aux moines de l'abbaye de St.-Vincent du Mans l'emplacement du prieuré de la Lande-Patri, donation confirmée par son fils Guillaume (1).

Restée orpheline, en 1657, Marie Fauvel avait été placée par les soins de son tuteur, Antoine de Crux, seigneur de Corboyer, dans l'abbaye des religieuses bénédictines de Bayeux; sa garde-noble avait été donnée à Mg[r]. l'évêque de Séez. Par les soins de son tuteur, son mariage fut arrangé avec Antoine de Pellevé; le contrat en fut passé le 10 mai 1665, les bans régulièrement publiés dans le courant de mai et permission donnée par l'official de Bàyeux, de procéder à la cérémonie religieuse le 5 juin suivant. Quelque obstacle inattendu vint sans doute entraver le mariage; car, dès le 20 mai, Marie Fauvel fut enlevée du couvent par Antoine de Pellevé. Les fugitifs se logèrent dans une hôtellerie de Bayeux, puis se réfugièrent à Flers, dont le curé prit sur lui de les marier, le 2 juin suivant.

Cet enlèvement agita toute la province. Antoine de Pellevé s'était fait assister, dans cette audacieuse ten-

____

(1) Cartulaire de St.-Vincent. — *Bibliothèque impér.* — Voir, à l'*Appendice*, ce qu'était la baronnie de Larchamp.

tative , par le chevalier de Grouville , par une demoiselle du nom de Londé , par les nommés Heraudière ,
Catherin Lhonoré, Ledesert, Aymond Le Sénéchal,
Raoult, par le domestique du sieur de Possé (M^r.
d'Oilliamson) et par quelques autres individus. Le
lieutenant-criminel de Bayeux , ce même Busnel des
Isles, qui avait fait saisir les terres de Flers et de Condé
sur Pierre de Pellevé, poussa si vivement l'instruction
qu'Antoine de Pellevé se constitua prisonnier et déclara que son mariage avait été fait contre toutes
les formes.

La Cour, après avoir entendu beaucoup de témoins
et du nombre , les curés de Flers et de Larchamp ,
condamna le comte de Flers à payer mille livres
d'amende applicables aux affaires et décoration du
palais, et à servir le roi sur la frontière durant l'espace
de deux ans. Elle condamna en outre ledit de Grouville , la demoiselle de Londé, les nommés Heraudière,
Ledesert, Catherin Lhonoré, Aymond Le Sénéchal à
trois cents livres d'amende et au bannissement de deux
ans hors de la province; elle réduisit l'amende à
cinquante livres pour les autres complices. Enfin elle
ordonna qu'il serait procédé de nouveau à la célébration
du mariage et remit Antoine de Pellevé et Marie Fauvel
entre les mains de Jean Goulée et Louis de Piquefeu ,

huissiers, avec mission de faire célébrer le mariage dans la paroisse de St.-Lo.

Antoine de Pellevé chercha à faire oublier, par ses services militaires, le triste éclat de cette affaire. Le 15 septembre 1667, il obtint une commission de capitaine de chevau-légers, et l'année suivante Louis XIV lui écrivait ces lignes :

« Monsieur le comte, ayant résolu de me servir « dans mon régiment de cuirassiers, de la compagnie « de chevau-légers que vous commandez, je vous « fais cette lettre pour que vous ayez avec votre dicte « compagnie à vous rendre audict régiment, recon- « noissant le comte de Revel qui le commande, pour « vostre maistre de camp ».

Le 7 juin 1674, le duc de Roquelaure, commandant en chef pour le roi en Basse-Normandie, le nomme colonel de la noblesse de l'élection de Vire pour la cavalerie (1).

Le 13 mars 1676, Louis XIV, désirant reconnaître les bons et fidèles services d'Antoine de Pellevé, l'établit en la charge d'ayde de ses camps et armées. Il fut attaché, à ce titre, au prince de Soubise et nous avons sous les yeux un passeport de Guillaume, prince d'Orange et de Nassau, daté du camp d'Ulbeech, le

(1) Voir à l'*Appendice*.

31 aoust 1676, par lequel il ordonne *à tous officiers et soldats, estant au service de l'Estat des Provinces-Unies de laisser passer le comte de Flers retournant de l'armée en France avec son train de douze personnes et quinze chevaux* (1).

En l'année 1668, l'apparition de la flotte de Guillaume d'Orange fut l'occasion d'une vive alarme sur toute la côte de Normandie. Louis XIV envoya sa compagnie de mousquetaires à Valognes et ordonna la démolition des fortifications de Cherbourg. De Caen, on fit partir trente soldats par compagnie de la garde bourgeoise pour Isigny et la Hogue (2); la noblesse de Vire, sous le commandement d'Antoine de Pellevé, fut envoyée dans les paroisses de St.-Marcouf, de Fontenai et de Quineville (3).

(1) L'original qui porte la signature de Guillaume d'Orange est conservé dans le *Chartrier du château de Flers.*

(2) « Le menu peuple de Caen s'en prit aux protestans, qu'il « accusoit d'intelligence avec l'ennemi, d'espionnage et du dessein « de mettre le feu à la ville de Caen. Le gouverneur, M. de Croi- « sette, eut beaucoup de peine à réprimer le désordre et à protéger « les protestans. »

(3) Nous donnons, dans les notes, les noms de tous les gentils-hommes qui partirent sous les ordres d'Antoine de Pellevé. — Voir à l'*Appendice.*

Le 18 octobre, elle fut passée en revue par M. de Matignon, dans la plaine du mont Esnault, près de Ravenoville.

Ce départ avait été si précipité, et le service pour la surveillance des côtes devant se prolonger, Matignon s'en inquiéta. Le 14 novembre, il écrivit de Cherbourg à Antoine de Pellevé la lettre suivante, où se fait jour un sentiment de si noble délicatesse :

« Comme la noblesse se trouve obligée, Monsieur,
« d'estre plus long-temps dans les quartiers qu'elle
« n'avoit creu, et qu'elle partit de chez elle au mo-
« ment qu'elle reçut ordre, je ne doute point qu'il
« n'y ait plusieurs gentilshommes de vostre régiment
« qui manquent d'argent, cela me fait penser qu'un
« petit secours tel que je puis leur fournir ne leur
« sera pas inutile. Je vous envoie cent louis que je
« vous prie de distribuer à ceux qui vous témoigne-
« ront en avoir besoin et pour avoir lieu de les voir
« tous et de pouvoir leur parler, vous les fairez, s'il
« vous plaist, monter à cheval le plus tôt que vous
« pourrez pour leur dire que vous avez quelque ar-
« gent entre vos mains pour en porter à ceux qui en
« auront besoin, qui me feront un vrai plaisir de le
« prendre et qui me le rendront à leur commodité. Je
« vous prie de me donner au plus tôt de vos nouvelles
« et de me mander s'il seroit nécessaire que je cher-
« chasse encore quelque argent pour tirer les gentils-
« hommes de la nécessité et de l'embarras où ils se

« pourroient trouver. Je suis, Monsieur, tout à
« vous.

« MATIGNON (1). »

Et le lendemain, répondant aux remercîments que
lui adressait Antoine de Pellevé, il ajoutait : « Lá
« noblesse n'a point dû regarder un aussy médiocre
« plaisir comme une grâce : je m'estimerois trop heu-
« reux de pouvoir trouver quelqu'autre occasion qui
« pust leur marquer l'estime et la considération que
« j'ai pour leurs personnes et ils ne doivent point faire
« de façon de se servir de ce que je puis avoir. M. de
« Bonneval a voulu me remettre absolument entre les
« mains le peu d'argent que M. de Canisy vous avoit
« envoyé ; mais la grâce que je vous demande est de
« vouloir bien disposer la noblesse à se servir du peu
« que j'ay : c'est une obligation que je vous auray en
« particulier et je vous supplie en même temps d'être
« persuadé que vous n'avez pas au monde un plus véri-
« table amy et serviteur que moy (2). »

(1) Cette correspondance fait partie des archives du château de
Flers.— Jacques, sire de Matignon, comte de Thorigny, chevalier des
ordres du roi, lieutenant-général en Basse-Normandie, gouverneur
de Cherbourg et de Granville.

(2) *Chartrier du château de Flers.*

Au bas de sa lettre, il ajoutait : « Nous n'avons point
« d'autres nouvelles, sinon que le prince d'Orange est
« présentement en Angleterre. Ainsy, il y a bien de
« l'apparence que nous verrons en peu la fin de tout
« cecy. Je ne manqueray pas de vous faire part des
« nouvelles que j'auray. »

Malgré la certitude du débarquement du prince
d'Orange en Angleterre, la surveillance des côtes ne
continua pas moins à être active : un brigadier et trois
gentilshommes, relevés toutes les vingt-quatre heures,
devaient nuit et jour *battre l'estrade,* depuis le corps-
de-garde de Quineville jusqu'à celui de Ravenoville,
pour observer s'il ne se passait rien en mer, avec mission de surveiller incessamment les gardes à pied des
côtes (1).

La noblesse ne tarda pas à rentrer dans ses foyers ;
nous voyons, en effet, que, le 21 février 1689, M. de
Matignon prévenait Antoine de Pellevé qu'il en passe-
rait la revue, le 8 mars, dans les environs de Vire, et
dans le lieu que ce dernier jugerait le plus commode (2).
Mais elle eut bientôt à remonter à cheval, et convo-

(1) Ordre du jour de M. de Canisy, du 28 novembre 1688. —
Chartrier du château de Flers.

(2) Lettre originale de M. de Matignon. — *Chartrier du château
de Flers.*

quée à St.-Lo pour le 20 août 1689, elle ne fut de nouveau congédiée que le 20 du mois d'octobre suivant (1).

Retournons en arrière, et suivons M. de Flers dans d'autres combats sur le terrain de la procédure et de la chicane.

La terre de Flers ayant été louée, par bail judiciaire, à un nommé François Labbé, pour 6,000 livres par an, pour un terme de cinq années, Antoine de Pellevé se fit subroger par le locataire à tous ses droits et put habiter ainsi jusqu'en 1671 le château de ses pères (2). Dans l'intérêt de la succession, il défendit en 1674 les droits de la juridiction de Flers contre les entreprises des juges de Vire, fit déclarer la forêt de Halouze exempte du droit de *tiers et danger* et obtint des usagers de cette forêt la renonciation à leurs droits d'usage, pour n'avoir pas voulu contribuer à la taxe de 13,000 livres à laquelle la forêt avait été imposée, et que, par son crédit, il avait fait réduire à 6,600 livres (3).

(1) Certificat de M. de Matignon. — *Chartrier du château de Flers.*

(2) La terre de Flers fut depuis 1671 successivement adjugée à Henri Pellier, maitre des forges de Halouze; à un nommé Tablet, et enfin à la direction des créanciers du marquis de Guitry. — *Ibid.*

(3) Transaction du 24 décembre 1675. — *Ibid.*

Tous ces actes qu'il était en droit de faire, comme héritier bénéficiaire et comme principal créancier de la succession de son père, servirent de moyens d'attaque à la direction des créanciers qui n'eut plus qu'une pensée : celle de faire déclarer Antoine de Pellevé héritier pur et simple de son père et de son frère.

En 1683, M. de Flers offrit aux créanciers de rendre le décret parfait dans deux ans, à peine de répondre des intérêts des créances. Cette offre fut repoussée, et en 1689, la direction des créanciers, alléguant de prétendues violences commises par M. de Flers et l'impossibilité de terminer cette affaire tant qu'il serait en liberté, obtint une lettre de cachet contre lui et contre son fils et fit enfermer le père à la Bastille et le fils au château de Caen. Une fois M. de Pellevé à la Bastille, survint une sentence du juge de Vire, cet ennemi juré de la famille de Pellevé, qui ordonna une nouvelle recherche de papiers et de titres dans la maison du sieur Thomas Vente, procureur fiscal de Flers depuis vingt ans. Le 26 juillet 1690, un mercredi jour du marché, au grand effroi de la population, une bande de 40 individus, armés en guerre, cerna la maison du procureur fiscal et, malgré ses protestations, emporta indistinctement tous les coffres renfermant des parchemins.

Le véritable but des créanciers, en faisant mettre M. de Flers à la Bastille était de faire procéder à l'adjudication de la terre de Flers, durant son absence. En effet, jour fut pris pour la vente, le 2 juillet 1691. Prévenu par des amis, M. de Flers obtint son élargissement et arriva en poste à Vire la veille de l'adjudication, le 1er. juillet, au grand désappointement de tous les créanciers, qui firent immédiatement interjeter opposition à l'adjudication, par deux des leurs, qui étaient MM. du Chastelet et de La Grandière.

Ce nouveau délai ne fut pas de longue durée. Les terres de Condé et de Flers furent adjugées définitivement, aux assises du bailliage de Vire, le 7 septembre 1691, à un nommé David Chesnel, moyennant le prix de 321,000 livres. C'était le prête-nom d'Antoine de Pellevé ; le 8 octobre suivant, il le subrogea à son adjudication, à la condition de céder la terre de Condé à M. de Matignon pour 120,000 livres. Sur l'appel des créanciers, un arrêt définitif du Parlement de Rouen, du 23 mai 1695, confirma la sentence d'adjudication finale du 7 septembre 1691 et déclara Antoine de Pellevé héritier bénéficiaire de son père et de son frère à la charge de rendre un nouveau compte du bénéfice d'inventaire (1).

(1) *Chartrier du chateau de Flers.*

Arrêtons-nous ici, car cette interminable procédure, si nous voulions la suivre dans tous ses incidents, nous conduirait jusqu'en 1734, époque où le procès fut repris par Ange-Hyacinthe de La Motte Ango et nous exposerait à faire un véritable cours de droit normand. Bornons-nous à dire que les comtes de Flers furent maintenus définitivement dans la possession de cette riche seigneurie.

Nous ne trouvons plus rien qui mérite intérêt sur Antoine de Pellevé. Le 7 octobre 1701, il mourut au logis de la Fresnaye, dans la paroisse de Chanu, dans l'église de laquelle il demanda à être enterré. Il légua 500 écus aux pauvres du comté de Flers, 20 pistoles aux pauvres honteux de Chanu, 200 livres aux Cordeliers de Vire et aux religieux de Belle-Étoile pour prier Dieu incessamment pour le repos de son âme, 200 livres à Chanu, 100 livres à Landisac, 50 livres à Larchamp, et 50 livres à la Chapelle-Biche et à St.-Clair-de-Halouze, dans la même intention. Il désigna pour exécuteur testamentaire Me. Jean Lerozé, curé de Chanu (1).

Antoine de Pellevé ne laissa qu'un fils, Louis II de Pellevé, qui lui succéda en qualité de seigneur de Flers, et deux filles, Françoise et Louise de Pellevé,

(1) Testament de Antoine de Pellevé. — *Chartrier du château de Flers.*

qui entrèrent au monastère de Notre-Dame-des-Anges (ordre de saint Benoît), dont elles furent successivement abbesses.

Le 30 mars 1696, Louis de Pellevé épousa noble demoiselle Angélique du Mont, fille d'Hyacinthe de Gaureaut du Mont, et de Madeleine de Chateau d'Assy. Cette famille de Gaureaut, originaire d'Italie, descendait, par cinq degrés, de Georges de Gaureaut, capitaine d'une compagnie d'*arbalestriers* génois, passés au service de la France. Plusieurs de ses membres avaient occupé des postes importans ; il nous suffira de citer Félix de Gaureaut, sous-gouverneur de Louis XIV, aïeul de la comtesse de Flers ; Charles de Gaureaut, gouverneur de la ville du Havre, son bisaïeul (1).

Voici ce que dit Saint-Simon à propos d'Hyacinthe de Gaureaut du Mont, beau-père de Louis de Pellevé :
« Du Mont eut le gouvernement de Meudon. C'était un
« gentilhomme de bon lieu. Mon père, étant premier
« gentilhomme de la chambre et premier écuyer de
« Louis XIII, fit la petite fortune de son père, qui se
« trouva un homme de mérite et qui l'acheva. Il fut
« sous-gouverneur du roi et mourut dans cet emploi,
« fort estimé. Le roi prit son fils, tout enfant encore,

(1 Tous les titres de cette famille sont restés dans le *Chartrier du château de Flers.*

« et en chargea le vieux Beringhen, premier écuyer,
« et dans la suite, l'attacha à Monseigneur, duquel il
« commandait toute l'écurie particulière, sous le pre-
« mier écuyer du roi. C'était un grand homme, bien
« fait et de bonne mine, extrêmement court d'esprit,
« mais qui, né et élevé à la cour où il avait passé sa vie,
« en savait la routine et le manège, mais avec des fan-
« taisies et des manières comme les gens de fort peu
« d'esprit et gâtés par la faveur. Il fut malheureux en
« famille. Sa fille unique lui donna plus de consolation.
« Elle avait du mérite et avait épousé un homme *fort*
« *riche, qu'on ne voyait jamais, presque toujours en*
« *Normandie. Il s'appelait M. de Flers, du séditieux nom*
« *de Pellevé.* Avec Monseigneur, du Mont perdit tout ce
« qu'on peut perdre; et toutefois, il conserva toujours
« de la considération par estime et fut toujours bien
« traité du roi. Devenu fou par intervalles, on ne put lui
« laisser Meudon, où il se conduisait avec toutes sortes
« d'extravagances. Cela acheva de lui tourner la tête ;
« il finit enfin par s'aller noyer dans la Seine, vers le
« moulin de Javelle (1). »

En 1717, Louis II de Pellevé avait obtenu la survi-

______

(1) Mémoires de Saint-Simon, *Édit. Delloye*, t. IX, p. 55 et
suiv.

vance du château de Meudon (1), poste dont il n'eut pas long-temps à jouir ; car il mourut en 1722, laissant un fils, Hyacinthe-Louis de Pellevé et une fille, Jourdaine de Pellevé, qu'il avait mariée à René de La Motte Ango.

Devenu ainsi maître de la terre de Flers qui, à cette époque, était estimée 35,000 livres de revenu, en y comprenant la baronnie de Larchamp et les terres de la Fresnaye et de Belle-Fontaine, Hyacinthe-Louis de Pellevé épousa, le 2 juillet 1724, Marie-Angélique de La Chaise d'Aix, fille d'Antoine de La Chaise d'Aix, capitaine des gardes de la porte du roi et de dame Françoise-Nicole Dugué (elle était nièce du P. La Chaise, confesseur de Louis XIV (2)).

Nous sommes loin des grands coups d'épée du XVIe. siècle : grand amateur de chasses à courre, Louis de Pellevé obtint, en 1723, d'Alexandre de Bourbon, comte de Toulouse et grand-veneur de France, la permission de chasser le chevreuil et le sanglier dans les forêts d'Argentan, d'Alençon et d'Andaine. Saint-Simon nous dit qu'il avait de la valeur et de l'estime dans le monde, et qu'il était capitaine d'une compagnie de gendar-

---

(1) *Chartrier du château de Flers.*

(2) *Armes de La Chaise :* de sable au lion d'argent couronné (la famille de La Chaise était alliée aux Bricqueville, aux Leveneur).

merie (celle de Berry). Son titre à la reconnaissance de la ville de Flers, c'est d'avoir obtenu, en 1724, le rétablissement des foires obtenues, comme nous l'avons vu, par Nicolas de Pellevé et tombées en désuétude. On nous pardonnera d'entrer ici dans quelques détails, car il s'agit de l'histoire des priviléges de la ville de Flers.

Louis de Pellevé représenta au roi Louis XV « que « la terre de Flers se trouvant située dans un pays « abondant et fertile, il y avoit esté étably ancienne-« ment et en différents temps huit foires par chacune « année, mais que la dite terre ayant esté décrétée et « ses droits négligés pendant les poursuites du décret « et que les seigneurs de Flers estoient occupés au « service, les foires avoient esté interrompues. Il de-« manda donc au roi de rétablir six foires par an : la « première, le deuxième mercredi de Carême ; la « seconde, le mercredi d'après la St.-Georges, pour « estre tenue durant deux jours ; la troisième, le mer-« credi qui précède la St.-Barnabé ; la quatrième, le « 30 juillet, veille de la St.-Germain, pour estre tenue « pendant deux jours ; la cinquième, le 7 septembre, « veille de la Nativité de Notre-Dame ; et la sixième, « la veille de la St.-André. »

Le roi Louis XV, aux termes de ses lettres-patentes, « pour donner au sire de Pellevé une marque d'estime et de reconnoissance que méritent ses loyaux services et pour prouver aux habitans de Flers l'avantage qu'ils doivent trouver dans l'établissement des dites foires, pour le débit et consommation de leurs denrées et marchandises », octroya la création des six foires demandées par le comte de Flers.

La charte d'octroi autorise le comte de Flers, ses successeurs et ayant-cause , « à faire construire les halles , étaux, boutiques, échoppes nécessaires, s'ils ne sont déjà construits ; leur permet de percevoir les droitz qui seront deus suivant les us et coutumes, et autorise les marchands à aller, venir, séjourner, vendre, débiter, troquer et échanger toutes sortes de marchandises licites et permises, pourvu toutefois qu'à quatre lieues à la ronde de la terre de Flers il n'y ait aux dits jours autres foires auxquelles ces présentes puissent préjudicier, et que les dites foires n'échoient aux jours de dimanche et festes solennelles, auquel cas elles seront remises au lendemain. »

Les foires rapportaient, en 1716, à M. le comte de Flers, la somme de 1,320 livres ; il était tenu de payer à la recette de Vire la somme de 66 livres pour le vingtième des dits droits (1).

(1) Les lettres-patentes originales sont restées dans le *Chartrier du château de Flers.*

Louis de Pellevé mourut en 1736. Il n'avait pas été marié. Sa sœur, Antoinette-Jourdaine de Pellevé, recueillit cet immense héritage. Par elle, comme nous le verrons au chapitre suivant, il passa dans les mains de la branche cadette des La Motte Ango.

CHAPITRE VI.

La branche aînée des La Motte Ango. — Philippe de La Motte Ango, seigneur de Flers. — Antoinette de Pellevé, sa veuve, fait ériger la terre de Flers en comté. — Son portrait resté dans le château de Flers. — Enfans qu'elle laissa. — Hyacinthe de La Motte Ango, seigneur de Flers. — Il épouse Charlotte de Chertemps de Seuil. — Il fait la campagne de Bohême. — Il achète le marquisat de Messei. — Ce qu'était la seigneurie de Messei. — Ses divers seigneurs. — Réunion de Messei au comté de Flers. — Les justices de ces seigneuries restent divisées. — Philippe d'Orléans s'oppose à l'enregistrement des lettres d'érection. — Transaction qui met fin à cette opposition. — Le comte de Flers achète la seigneurie de St.-André de Messei. — Il rend aveu au roi de la terre de Flers. — Il laisse trois fils et une fille. — Goût pour la chasse de la comtesse de La Brisolière (Agathe de La Motte Ango). — Permission de chasse , donnée par

Louis-Stanislas Xavier au comte de Flers. — M. de Frotté, interné dans le château de Flers.—Entrevue de M. de Frotté et du général Mignotte, dans le château de Flers. — Réponses de M. de Frotté aux demandes du général Mignotte. —Une colonne mobile emmène M. de Frotté à Condé-sur-Noireau. — Il est remis en liberté. — Il quitte le château de Flers dans la nuit. — Il y revient en 1799. — La comtesse de Flers traduite devant le Conseil de guerre de Caen. — Elle est acquittée.—Incendie du château de Flers, en l'année 1800. — Ce qu'il était anciennement. — Pierre de La Motte Ango vend la terre de Flers au comte de Redern.

L'aîné des La Motte Ango portait le titre de marquis de Lezeau et de baron d'Écouché, titre attaché à la possession de la terre de La Motte que Nicolas Ango, secrétaire du roi, avait acquise de la maison de Montgomery et qu'il fit ériger en marquisat sous le nom de La Motte Lezeau, en faveur de Jean Ango, son fils, reçu conseiller au Parlement de Rouen, en 1654 (1).

C'est de ce dernier et de Marie Lefèvre de Lezeau,

(1) Les lettres d'érection sont de juillet 1693 ; elles furent enregistrées à la Cour des comptes de Rouen, le 3 août 1696. La terre de La Motte appartient aujourd'hui à M. David, membre du Conseil-général de l'Orne.

fille et unique héritière de Nicolas Lefèvre, doyen des conseillers d'État et directeur des finances, qu'était fils Réné-Philippe Ango, devenu seigneur de Flers. Il avait fait partage avec Jean-Baptiste de La Motte-Lezeau, son frère aîné, le 24 juillet 1716, et obtenu dans son lot la terre de Villebadin et de Beaumont (1).

Antoinette de Pellevé, devenue veuve bientôt après, sollicita, au mois de juillet de la même année, une nouvelle érection de la terre de Flers en comté, avec réunion des baronnies de Larchamp et de la Lande-Patri, en faveur de ses enfants et descendants. Suivant de bien près son mari, elle mourut à Paris, en 1738, à l'âge de 39 ans, le lendemain même de l'enregistrement des lettres d'érection qu'elle venait d'obtenir (2). Son cœur fut déposé à St.-Sulpice et son corps rapporté à Flers,

(1) Jean-Baptiste de La Motte-Lezeau épousa, en 1697, Catherine Du Moustier. Il avait été reçu conseiller au Parlement de Rouen, avec dispense d'âge, en considération des services rendus par ses ancêtres (cette branche doit être éteinte). Les armes des Lezeau étaient d'azur à trois lis naturels, à la bordure de gueules, chargée de huit besants d'or.

Voir tableau généalogique, par Waroquier. Paris 1787, t, II; — La Chenaye des Bois, *Dictionnaire de la noblesse; — Calendrier des princes*, année 1762.

(2) Les lettres-patentes furent enregistrées à la Chambre des comptes de Normandie, le 4 février 1738.

conformément aux dispositions qu'elle avait faites, le 31 janvier 1738.

Son portrait est resté où elle l'avait fait placer, dans un des salons du château de Flers : les traits en sont sévères, l'attitude est froide et réfléchie ; on comprend rien qu'en la voyant, que, si elle avait vécu, elle aurait fait beaucoup pour la fortune et pour l'avancement de sa maison. Il y a dans cette tête, tout à la fois, et l'intelligence qui sait commander, et le calme qui fait réussir.

Elle laissa trois fils : 1°. Ange-Hyacinthe de La Motte Ango, l'aîné, qui hérita du comté de Flers et dont nous suivrons la descendance ; 2°. Louis-Paul de La Motte Ango, marquis de Flers, auteur de la branche de Villebadin, qui suivit la carrière des armes et fut nommé maréchal de camp des armées du roi, le 1er. mars 1780 (1) ; 3°. Philippe-Antoine de La Motte, qui mourut sans postérité, le 4 juillet 1782, après avoir

(1) Il mourut en 1803. Il avait épousé Marie-Thérèse-Antoinette Ligier de La Prade, d'où Antoine-Guillaume-François de La Motte Ango, marquis de Flers, qui d'Alexandrine-Anne de La Pallu eut trois fils, dont l'un, M. Alfred de Flers, membre du Conseil-général de l'Orne, possède aujourd'hui la terre de Villebadin. Le marquis de La Pallu, père de la marquise de Flers, avait épousé la fille du garde-des-sceaux Miroménil.

été marié à Suzanne-Anne de Servigny et, en secondes noces, à Charlotte-Aimée de Corday.

(1)

Nous n'avons à nous occuper que d'Hyacinthe de La Motte Ango. Il épousa, le 9 juin 1744, Marie Madeleine-Charlotte de Chertemps de Seuil, baronne de Reaux et de St.-Maurice en Saintonge, fille de Pierre, marquis de Seuil, seigneur de Charost, ancien colonel d'infanterie (2), et de Madeleine de Faucon de Ris.

______

(1) Armes d'Hyacinthe de La Motte Ango, comte de Flers : au 1 et 4 de gueules, à la tête humaine d'argent, les cheveux hérissés d'or, qui est de Pellevé ; aux 2 et 3 de gueules à 9 mâcles d'or, qui est de Rohan. Sur le tout d'azur à 3 annelets d'or, qui est de La Motte Ango.

(2) M. de Seuil, le grand-père, fut président à mortier au Parlement de Bretagne.

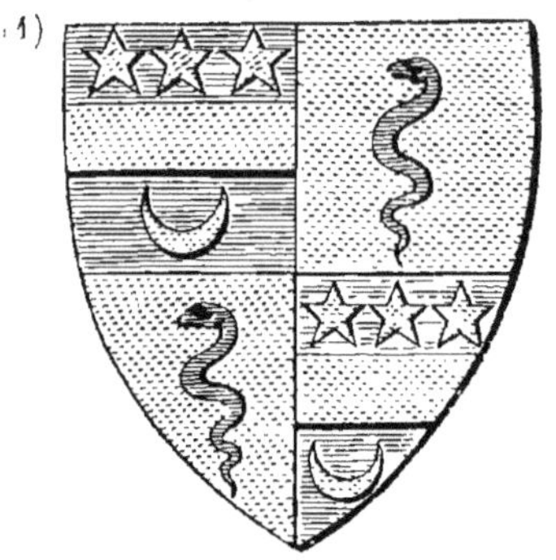

Le comte de Flers fit la campagne de Bohême, en qualité de capitaine au régiment du commissaire général ; ce fut lui qui, en 1750, acheta le marquisat de Messei, moyennant 100,000 livres, des héritiers de Marie-Madeleine de Louvois, épouse de François d'Harcourt, duc d'Harcourt, pair et maréchal de France (2).

On nous permettra ici quelques détails sur le passé de la seigneurie de Messei, dont le château eut assez

(1) Armes de Chertemps de Seuil : écartelé au 1er. et 4e. d'azur, à la fasce d'or, accompagnée en chef de 3 étoiles et en pointe d'un croissant du même. Aux 2 et 3 d'or à la bisse d'azur.

(2) Les héritiers de la duchesse d'Harcourt (Madeleine de Louvois) étaient Françoise d'Harcourt, mariée à Emmanuel d'Hautefort, ambassadeur à Vienne ; Adélaïde d'Harcourt, mariée à Emmanuel de Croy-Solre, prince du Saint-Empire, et Lédie d'Harcourt, mariée à François de Regnier, comte de Guerchy.

Voir Rimer.

d'importance au XIVᵉ. siècle pour être compris au nombre des places rendues à la France par le traité de Brecquigny (1). Plein fief de haubert dont relevaient les fiefs de St.-André, du Chastelier, de Saires, de Perrières, de la Grue, de Houel, avec droit de haute-justice, la seigneurie de Messei, au XIIᵉ. siècle, appartenait à Foulque du Merle, qui fut tué à la désastreuse affaire de la Massoure aux côtés de Robert d'Artois, frère de saint Louis et seigneur de Domfront; possédée, au XIVᵉ. siècle, par Foulque du Merle, maréchal de France, auquel Philippe-le-Bel, en considération de ses services, fit donation de la seigneurie de Briouze; elle était encore, en 1374, entre les mains de son petit-fils, Guillaume du Merle, capitaine général en Basse-Normandie et gouverneur de Falaise. Sa fille unique, Catherine du Merle, l'apporta à Henri de Bailleul.

A la fin du XVᵉ. siècle, Messei passa, par Catherine de Bailleul, à Pierre du Grippel, puis à Guillaume du Grippel, son fils. Ce dernier n'ayant pas laissé de postérité, Louise du Grippel, sa sœur, mariée à Robert Dubourg, en hérita et l'échangea avec Jean de

____

(1) Voir d'Hozier, *Armorial général;* — *Histoire des grands officiers de la couronne*, t. VI; — Cousin, *Histoire de la maison de Sablé;* — Saint-Simon, *Édit. Deloye*, t. III, p. 52.

Bailleul, sieur de Renouard (1), contre la terre de Pontif.

Entrée ainsi dans la famille de Bailleul, la seigneurie de Messei en sortit de nouveau, en 1582, par le mariage de Françoise de Bailleul avec Giles de Souvré, gouverneur de Louis XIII durant sa minorité, et plus tard maréchal de France. René de Souvré, cadet du maréchal, hérita de Messei. Il ne laissa qu'un fils, Joseph de Souvré, qui mourut, en 1685, à St.-Lazare où il était enfermé depuis longues années, sous la curatelle du président de Mesmes. Anne de Souvré, arrière-petite-fille du maréchal, réunit alors en sa personne tous les biens de la maison de Souvré; c'était la petite-nièce de la marquise de Sablé dont M. Cousin vient de nous donner l'intéressante monographie. Anne de Souvré avait épousé Louvois, en 1662. Ce fut lui qui fit ériger en marquisat la baronnie de Messei, en 1686; elle l'avait été précédemment, en 1621, en faveur de Joseph de Souvré. Enfin Madeleine Le Tellier de Louvois, en épousant le duc François d'Harcourt, fit entrer Messei dans cette puissante famille qui, durant plusieurs siècles, avait possédé la seigneurie de la Carneille (2).

(1) Arrière-fief du comté de Montgommery.

(2) Voir, dans l'*Appendice*, l'érection de la baronnie de Messei en marquisat.

Au mois de mai 1754, Hyacinthe de La Motte Ango obtint la réunion de la seigneurie de Messei au comté de Flers, pour ne plus relever que de la grosse tour du Louvre, sous la seule réserve que les justices du comté de Flers, celles des baronnies de Larchamp et de la Lande-Patri ainsi que la haute-justice de Messei, demeureraient divisées comme elles l'étaient auparavant, « sans changemens ni augmentation de « ressort, ni juridiction(1). » Louis-Philippe d'Orléans se porta opposant à l'enregistrement de ces lettres-patentes, prétendant, avec raison, que distraire les baronnies de la Lande-Patri et de Larchamp de sa vicomté de Domfront dont elles étaient mouvantes et dont il était apanagé, c'était lui enlever les droits de mutations qui devaient être versés à la recette du domaine de Domfront. Le comte de Flers consentit à ce que tous les droits revendiqués par le duc d'Orléans, lui fussent payés comme par le passé ; dès-lors, l'opposition n'ayant plus de motif, les lettres d'union furent définitivement enregistrées par la Chambre des comptes, le 18 juillet 1755 (2).

Ls 17 septembre 1764, le comte de Flers, de moitié avec M. Thomas de La Barberie, acheta, par adjudica-

(1) *Chartrier du château de Flers.*

(2) *Ibid.* Voir à l'*Appendice.*

tion, la terre de St.-André de Messei et celle de la
Ferrière qui, durant deux générations, était restée
dans les mains des Berryer, comtes de La Ferrière; par
un partage en date du 6 juillet 1769, M. de Flers eut
pour sa part la Haie de la Ferrière et toutes les propriétés qui dépendaient de la seigneurie de St.-André
de Messei (1); M. de La Barberie, la terre de Champ-
segré et de Dompierre. Pour me servir d'un vieux
dicton populaire, ce n'était plus la terre de Flers, c'était
la province de Flers. En 1778, il en donna aveu au roi.

Ange-Hyacinthe de La Motte Ango vécut jusqu'en
1788 : de son mariage avec Madeleine de Seuil,
étaient nés trois fils et une fille :

Pierre-François de Paule de La Motte Ango, comte
de Flers, marié à Rosalie-Jacqueline Le Goué de Ri-
chemont;

Louis-Charles de La Motte Ango, vicomte de Flers et
baron de Larchamp, guillotiné sous Robespierre, et
dont la branche s'est continuée dans le vicomte Amédée
de Flers, marié à Mlle. de Froissard, et en second
lieu à Mlle. d'Oultremont;

(1) La terre de la Ferrière avait été achetée de M. de Hally, par
Louis Berryer, secrétaire du conseil du roi. Son fils aîné, Jean-Bap-
tiste-Louis Berryer, grand doyen des maîtres des requêtes, la vendit,
en 1733, à Charles-Armand Fouquet, prêtre de l'Oratoire.

Ange-Joseph de La Motte Ango, connu sous le nom de l'abbé de Flers, et devenu plus tard vicaire-général de Lombez;

Et demoiselle Agathe de La Motte Ango, mariée, le 7 mars 1771, à Louis-Gabriel Pitard, comte de la Brezolière. Son portrait est encore dans le château de Flers; elle s'est fait peindre dans le plus étrange costume de fantaisie. C'était la diane chasseresse de la famille; elle courait intrépidement le cerf dans la forêt d'Andaine, où l'on conserve encore une race de chiens qu'elle avait fait venir d'Angleterre. C'était au reste un goût de famille; car nous avons trouvé dans les archives du château la commission de capitaine des chasses, dans les forêts de Dieufy et du Mont du Hèrre, que le frère du roi, Louis-Stanislas Xavier, duc d'Anjou et d'Alençon, avait donnée à Hyacinthe de La Motte Ango.

En l'an III (1795), à la suite de la pacification de Mabilais (1er. mai), et de celle de Bazougers (7 mai), le directoire du district de Domfront donna des passeports à plusieurs chefs de chouans, et notamment à MM. de Frotté, de La Rosière, Commarque et de Laroque, pour se rendre à Flers dans la maison de la citoyenne Ango (style du temps). Là, ils devaient s'entendre avec tous leurs hommes pour les amener à déposer les armes.

Frotté, rentré en France avec le comte de La Rosière dans les premiers jours de 1795, n'avait pas voulu signer le traité de la Mabilais. Depuis son retour de la Prévalaye, il se considérait comme en état de simple trève vis-à-vis de la République; et le château de Flers, dont les plombs avaient déjà servi plus d'une fois à faire des balles, était devenu bien plutôt le quartier-général de l'insurrection que le centre de cette mensongère pacification.

Un des derniers survivans de ces terribles luttes nous disait dernièrement : qu'il y eut à Flers, comme à Rennes, durant quelques mois, un étrange mélange d'hommes, d'uniformes et de cocardes ; bleus et blancs se promenaient ostensiblement et amicalement ensemble. Le représentant du peuple, Lozeau, alors en mission en Basse-Normandie, en prit ombrage ; il envoya à Flers l'adjudant-général Mignotte, avec mission de lui rendre compte de l'état des choses.

Voici ce que celui-ci lui écrivait de Falaise :

« Conformément à ton ordre, je me suis rendu au
« château de Flers, où j'ai rencontré des hommes ar-
« més. Les chefs, Frotté, (1) Laroque et autres, m'ont

(1) M. de Frotté portait habituellement un habit-veste gris foncé à revers de casimir noir, boutons en argent, panache blanc, épaulettes d'argent à graine d'épinards, écharpe noire à franges, insigne que

« invité à entrer, ce que j'ai fait. Voici les questions
« que je leur ai adressées :

« — Pourrais-je vous demander sans indiscrétion,
« citoyens, s'il vous est permis d'avoir une force armée
« chez vous? — Oui, ont-ils répondu, c'est un des arti-
« cles du traité; nous avons le droit de garder une
« force armée pour notre sûreté personnelle.

« — Pourrait-on savoir en quoi consiste cette force
« armée, et quelle espèce d'hommes la composent? —
« Nos gardes sont composés de nos anciens chouans
« et déserteurs qui nous viennent. Nous nous propo-
« sons de les organiser et de les habiller d'un uniforme
« dont nous avons fait choix.

« — Pourquoi, citoyens, n'êtes-vous pas décorés
« de la cocarde tricolore? — Parce que, d'après le
« traité, nous sommes libres de n'en point porter.

« Est-il vrai qu'il y a eu, hier, devant le château,
« un rassemblement où l'on faisait l'exercice?

« — Oui.

« — Pendant ce temps, mes dragons ont aperçu des
« cartouches en paquet, des armes à feu. »

Si les demandes étaient nettes et précises, les réponses ne l'étaient pas moins. On jouait carte sur table.

lui seul portait dans son armée. — Théodore Muret, *Hist. des guerres
de l'Ouest*, t. V, p. 97.

Quant à ses soldats, leur costume était toujours la veste et le chapeau de paysan, avec le mouchoir de rouennerie en ceinture, où l'on
mettait les cartouches. — Id.

Le séjour de Frotté et des autres chefs se prolongea dans le château de Flers. Dans le courant de prairial, le bruit se répandit qu'une colonne mobile devait partir de Condé-sur-Noireau pour arrêter MM. de Frotté et Laroque. En moins de quelques heures, le château, la cour, les environs, furent remplis de chouans. Ils tinrent conseil, puis se séparèrent.

La colonne mobile vint, en effet, et emmena les deux chefs à Condé-sur-Noireau, où se trouvait le représentant Lozeau. Sur leurs explications, il les renvoya à Flers.

A quelques jours de distance, un courrier, parti de Caen en toute hâte et envoyé par une dame en correspondance avec M. de Frotté, les avertit de nouveau que le château de Flers devait être cerné le lendemain par plusieurs colonnes mobiles parties de plusieurs points différents. M. de Frotté ne tint d'abord aucun compte de l'avertissement ; puis dans la nuit il se ravisa, rappela le messager, lui fit répéter tout ce qu'il savait, puis sur l'heure donna l'ordre du départ. Les bleus arrivèrent à la pointe du jour, mais ils trouvèrent le château abandonné.

Lors de la prise d'armes de 1799, Frotté revint dans le château de Flers, dont il fit de nouveau son quartier-général ; c'est de là qu'il se rendit à l'inutile conférence de Pouancé, et y laissa pour le remplacer le baron de Commarque.

En 1795, lorsque Frotté et ses lieutenants vinrent, pour la première fois, s'installer dans le château, M. et Mme. de Flers y étaient ; le jour où les chouans s'y rendirent en foule, à la première nouvelle du danger de leur chef, Mme. de Flers fut tellement effrayée qu'elle se retira à sa forge de Varennes, où elle resta jusqu'au 9 thermidor de l'an V.

Le 9 thermidor an VI, victime d'une dénonciation, elle fut citée devant le Conseil permanent de la 14e. division militaire siégeant à Caen et présidé par le chef de brigade Place. Dans l'acte d'accusation, il était dit que la citoyenne Jacqueline Legoué, épouse du citoyen Paul-François-Pierre Ango, dit de Flers, demeurant à Caen, propriétaire vivant de son bien, âgée de cinquante ans, native du Mans, taille d'environ quatre pieds onze pouces, cheveux et sourcils châtains et figure pâle, était prévenue d'embauchage.

Atteinte d'une maladie grave, elle obtint de ne pas comparaître et de se faire défendre par le nommé Simon, homme de loi à Caen, et fut acquittée à l'unanimité.

Le considérant du jugement porte que « l'accusation « portée contre la citoyenne Legoué de Flers présente

« tous les caractères de la calomnie et d'une passion
« haineuse ;

« Que la réunion des chouans, dont il est fait men-
« tion au procès-verbal, n'était rien autre chose que
« la suite d'un ordre donné aux chefs des chouans,
« Frotté et autres, par l'autorité administrative de
« Domfront, ordonnant que les chefs prendraient le
« domicile du citoyen Ango de Flers, époux de l'ac-
« cusée, pour y établir le centre de la pacification du
« district, en vertu des traités de la Mabilais.

« Le Conseil de guerre voulant (ce sont ses propres
« expressions), manifester l'innocence et montrer son
« indignation contre la calomnie, arrête que la ci-
« toyenne Legoué serait libre de diriger toute poursuite
« de droit contre ses faux dénonciateurs et délateurs;
« que ce jugement serait imprimé au nombre de deux
« cents exemplaires (1). »

Le capitaine rapporteur se transporta avec son gref-
fier au domicile de Mme. de Flers, lui donna lecture
du présent jugement en présence du gendarme désigné à sa garde, et signifia au gendarme de cesser la

____

(1) L'*exemplaire*, que nous avons sous les yeux, est resté dans
le *Chartrier du chateau de Flers*; il est signé par séries : Brizard,
Dumas, Laroque, Lesné, Soyez et Place, juges et président ; Ches-
nery, capitaine rapporteur ; Duzas, commissaire du pouvoir exécutif.

mission dont il était chargé, à l'expiration des vingt-quatre heures exigées par la loi (temps requis pour l'appel en révision du commissaire du directoire exécutif près le Conseil).

Le 18 février 1800, un incendie allumé par les troupes du général Gardane qui avaient fait du château une caserne et un magasin pour leurs vivres, dévora l'intérieur de la plus vieille partie du château, élégante construction du XVIe siècle que nous avons quelque raison d'attribuer à Nicolas de Grosparmy.

Déjà toutes les dépendances du château avaient été brûlées, en 1689. Dans le procès-verbal qui en fut dressé alors, nous voyons que le château actuel qui, au reste, n'avait jamais été entièrement terminé, était entouré d'eau; qu'on n'arrivait à la seconde enceinte que par un pont-levis et que deux autres ponts-levis étaient placés: l'un, à l'entrée extérieure; l'autre, à l'entrée du parc. Une avenue de chênes et de châtaigniers, dont les moindres, dit le procès-verbal, avaient dix pieds de tour, y conduisait, et le jardin potager était protégé par des cèdres dont on vantait aussi la beauté (1).

(1) Dans le plan primitif, il devait y avoir une seconde aile flanquée de deux tourelles.

Hyacinthe-Jacques-Pierre de La Motte Ango, le seul fils vivant de François de Paule de La Motte-Ango et de Jacqueline Legoué, hérita du comté de Flers. En 1806, il vendit cette admirable terre, respectée par la révolution, à Sigismond Ehrenreich, comte de Redern de Bernsdorf. Elle comprenait alors 686 hectares, la forêt d'Halouze et le bois Dauphy d'une étendue de 2,838 hectares ; l'emplacement du château des sires de la Lande-Patri (1) et l'ancien ermitage de la forêt d'Andaine, qui avait été vendu par les moines de Lonlay, en 1563, moyennant 1,580 livres, à Pierre Potier, sieur de Lude, et plus tard était devenu le rendez-vous de chasse des seigneurs de Flers.

(1) Voir, à l'*Appendice*, un aveu de la seigneurie de la Lande-Patri, qui donne quelques détails curieux sur ce vieux château déjà en ruines, en 1668.

CHAPITRE VII.

Le comte de Redern suit la carrière diplomatique. — Il rencontre Saint-Simon à Madrid. — Leur liaison. — Ils se retrouvent à Paris, en 1790. — Saint-Simon associe Redern à une spéculation sur l'achat des biens du clergé. — Redern voyage en Italie. — Désastreuses spéculations de Saint-Simon. — Liquidation de leur société. — Redern en est chargé. — Misère de Saint-Simon. — Il demande à Redern une pension alimentaire. — Il lui annonce son projet de se retirer à Alençon. — Il lui demande des livres et du pain. — Il vient à Alençon. — Il y fait plusieurs liaisons. — Il réclame un nouveau partage. — Violente polémique entre Redern et Saint-Simon. — Dernière lettre de Saint-Simon. — Mémoire de Redern contre Saint-Simon. — Saint-Simon quitte Alençon. — Il y laisse ses papiers à ses nombreux créanciers. — Essais agricoles du comte de Redern. — Il veut avoir le monopole des fers en Basse-Normandie. —

Spéculation malheureuse qu'il fait en Amérique. — Il est nommé membre du Conseil général des manufactures. — Son échec électoral. — Son mariage avec Henriette de Montpezat. — Son état de maison. — Il vend la terre de Flers à MM. Schnetz et Thirion. — Il se remarie à Mlle. de Palhen. — M. Schnetz, possesseur du château de Flers. — Services qu'il a rendus à la ville de Flers. — Le château appartient aujourd'hui à son fils. — Belles toiles de M. Victor Schnetz dans le château de Flers. — Cavalcade historique en 1854.

Fils du grand maréchal de la Cour de Berlin et d'une mère d'origine française, le comte de Redern avait d'abord suivi la carrière diplomatique et représenté la Saxe en Espagne et la Prusse en Angleterre. Du temps de son ambassade à Madrid, en 1788, le hasard mit sur son chemin le comte de Saint-Simon, ce père posthume des Saint-Simoniens, colonel alors au service de France et qui était venu en Espagne pour y solliciter la levée d'une légion. Tous deux s'étaient épris d'un bel enthousiasme pour cette philosophie mélangée de philantropie qui régnait alors et dont Rousseau avait été le prophète. Cette communauté d'idées les rapprocha et devint l'occasion d'une liaison assez intime pour que Redern, en quittant l'Espagne, en 1789, laissât à Saint-Simon une lettre de crédit de 12,000 livres dont celui-ci fit usage, *en totalité*, sans scrupule.

Vers la fin de 1790, Redern vint à Paris où il rencontra de nouveau Saint-Simon. Ce Dieu méconnu qui, à dix-sept ans, se faisait chaque matin éveiller par ces mots: « Levez-vous, Monsieur le Comte, vous avez de grandes choses à faire » et qui ne recherchait la fortune, nous voulons bien le croire, que pour la mettre au service de la philosophie et du perfectionnement de la civilisation, avait conçu la pensée d'une immense spéculation sur l'achat et la revente des biens du clergé. Il s'agissait, comme l'explique Redern, dans un de ses mémoires contre Saint-Simon, de profiter des facilités données par l'Assemblée nationale pour le paiement des domaines nationaux en deux annuités, afin d'acquérir, avec de médiocres capitaux, une masse de dix millions en biens ruraux (1). Associé par Saint-Simon à cette vaste entreprise, Redern y versa 660,000 livres. Obligé de repartir pour Londres, à la fin de janvier 1791, il laissa plein pouvoir à Saint-Simon pour la suite de cette affaire dont les résultats d'abord furent magnifiques. La tourmente révolution-

(1) Mémoires de Redern sur ses relations d'affaires avec Saint-Simon.

naire ne permit pas à Redern de rentrer en France ; ayant quitté Londres et la carrière diplomatique, dans l'été de 1792, il se rendit à Florence, dans les premiers jours de 1793. Ce fut là qu'il apprit tout à la fois et le séquestre prononcé par la Convention sur les biens des étrangers et, ce qu'il y avait de plus heureux pour leur entreprise, l'arrestation de Saint-Simon dont les prodigalités auraient dévoré leurs bénéfices. Rentré en France après la paix de Bâle, en 1796, il quitta de nouveau Paris pour n'y revenir qu'à la fin de septembre 1797. Mais la position de leur société avait bien changé.

Emporté par son esprit aventureux, Saint-Simon n'avait pas su s'arrêter. Dans une partie des anciens hôtels des fermes du roulage, il avait établi une sorte de bazar ou de petit Palais-royal et en avait sous-loué le reste à une entreprise de messageries. Une liquidation était devenue inévitable. Redern en fut chargé. Si l'on en croit Saint-Simon, il se fit la part du lion et retira de l'association 150,000 livres de rente ; quant à Saint-Simon, il traita à forfait de sa part pour 153,600 livres, ses dettes et ses emprunts payés et mit en outre sur le compte de Redern une rente viagère de 1,800 livres, en faveur d'une femme dont il avait eu un enfant, prétendant assez étrangement que *cet article appartenait naturellement au passif de la masse.*

Au milieu d'un déluge de cessions simulées , de contre-lettres , d'arbitrages , de transactions sur procès , d'assertions contradictoires, il est d'autant plus difficile de démêler la vérité que les biens de la société, ainsi que les biens propres de Saint-Simon et que ceux confiés par lui à des prête-nom (dont M. de Behague , son ancien associé, était un), furent dans leur totalité abandonnés à Redern.

La part attribuée à Saint-Simon se fondit entre ses mains : il en eût été de même des 150,000 livres de rente. Poussé par la misère, il en vint à la fâcheuse extrémité de demander un nouveau partage à son ancien associé qui lui offrit une pension alimentaire de 1,200 livres. Le philosophe indigné la refusa dédaigneusement. Pourtant il paraît que M. de Redern lui fit passer, par un tiers, un secours de 100 livres par mois, et cela , durant plusieurs années.

A la fin de 1811, l'année même où Redern, qui habitait depuis 1806 le château de Flers, venait d'obtenir des lettres de naturalisation, Saint-Simon, auquel depuis quelques mois il n'envoyait plus de secours, lui annonça, dans une lettre, l'intention qu'il avait de venir se fixer à Alençon. Il mettait en avant le projet de s'y livrer, dans la retraite et dans la solitude, à ses études philosophiques : dans sa pensée, Alençon devenait sa Thébaïde.

Le jour même de son départ de Paris, le 15 octobre 1811, il écrit à Redern :

« C'est aujourd'hui que je pars, demain je serai à
« Alençon ; il est temps que cela finisse. Voilà trois
« nuits que je n'ai fermé l'œil et que j'ai passées à me
« répéter involontairement : que deviendrai-je ? que
« deviendrai-je ? Je vous l'ai déja dit plusieurs fois, je
« vous le répète encore et je vous l'écrirai en arrivant
« à Alencon : du pain et des livres, voilà tout ce que
« vous demande votre ancien ami qui reconnaît avoir
« eu bien des torts vis-à-vis de vous, de sa famille et
« de tout le monde ; mais qui se sent les moyens de
« réparer ses torts vis-à-vis de vous, de sa famille et
« de tout le monde, si vous lui donnez des livres indis-
« pensables et du pain.

« SAINT-SIMON. »

Pour éloigner cet ami par trop dangereux, Redern le fit avertir, par le sénateur Barthélemy, qu'il ne toucherait plus rien de lui, s'il continuait à habiter dans le département de l'Orne et il lui offrit de lui faire payer l'arriéré à Paris. Saint-Simon s'y rendit, y reçut les 500 livres promises et revint à Alençon (1).

(1) Mémoires de Redern.

Là, il se lie avec diverses personnes, notamment avec M. Dubois, le traducteur d'Ordéric Vital, secrétaire alors de la préfecture de l'Orne; avec le docteur Bougon, si honorablement connu par son dévouement à la personne du duc de Berry. Il ne se borne pas aux dissertations philosophiques avec ses nouveaux amis, il fait des appels fréquents à leurs bourses; puis descendant des hauteurs où il s'était placé, il démasque ses batteries et foudroie Redern, à l'effet d'obtenir de guerre lasse ou un nouveau partage, ou tout au moins une large indemnité. La philosophie tourne brusquement au chantage. C'était, en réalité, le but de son voyage.

Si l'on en croit encore Redern, il n'en était pas à son coup d'essai : pendant une absence de M. de Behague, son ancien prête-nom dans ses premières opérations sur les biens du clergé, il aurait demandé mille louis à Mme. de Behague, en la menaçant d'imprimer, en cas de refus, des écrits diffamatoires contre elle et son mari.

Alors commence entre les deux anciens amis une polémique dans laquelle se fait jour l'activité fiévreuse de Saint-Simon : c'est Beaumarchais, dans la partie la plus agitée de sa vie. Menaces, prières, digressions philosophiques, il emploie tout et *tout à la fois;* il noie toutes ses colères dans un mémoire de 25 pages in-4°, qu'il tient suspendu sur la tête de Redern, le menaçant de la distribution, s'il ne consent pas à une transaction (1); il fait intervenir auprès de lui le sénateur Barthélemy, M. Louis Dubois; il lui offre de prendre pour arbitres MM. les sénateurs Boissy, Le Couteulx et Barthélemy.

Rien de plus curieux que ces mémoires et que la volumineuse correspondance de Saint-Simon avec M. de Redern. Leur heureux possesseur, si bon juge dans les choses de l'esprit, M. Léon de La Sicotière, à qui nous sommes redevable de leur piquante analyse, en trouve le fond non moins étrange que la forme. Tantôt Saint-Simon reproche à son adversaire son avarice et celle de son père, avarice devenue proverbiale en Prusse, à ce point que « si l'on traduisait en allemand l'*Avare*

(1) Ce Mémoire a été imprimé à Alençon, chez Malassis le jeune, en 1812. M. Michaud, dans son article sur Redern, dans la *Biographie universelle*, parle de la rareté des mémoires imprimés alors par Saint-Simon. L'édition tout entière de ce violent factum de 1812, contre Redern, s'est retrouvée chez le docteur Le Hoir et a passé, avec tous les papiers de Saint-Simon, dans la riche collection normande de M. de La Sicotière; c'est aux notes qu'il nous a remises si obligeamment, que nous devons de pouvoir donner tous ces détails sur cette partie peu connue de la vie de Redern et de Saint-Simon.

de Molière, le nom de Redern prendrait naturellement la place d'Harpagon *(sic)* ». Tantôt il le plaisante sur son illuminisme (1). « C'est à contre cœur, lui
« écrit-il, que je vous fais du mal, c'est parce que
« vous m'y forcez ; car je vous aime et je désirerais
« partager avec vous les jouissances qui seront la ré-
« compense du long et pénible travail auquel je me
« suis livré et du succès que j'ai obtenu dans l'ana-
« lyse de quelques idées. »

Des injures, il passe à l'éloge de Redern ; il vante ses grandes qualités ; il le convie à de nouvelles associations, dans lesquelles lui, Saint-Simon, mettra les idées et Redern, les fonds. Il lui propose de créer un établissement où les jeunes gens suivront un cours d'études philosophiques, cours embrassant l'espace de plusieurs années. A ce projet, son imagination s'enflamme, son esprit travaille et le voilà oubliant son procès pour rédiger son programme qu'il adresse à Redern et que celui-ci lui renvoie, — sans vouloir le lire, — *la chose la plus pénible qui pouvait lui arriver,* comme il le dit dans une de ses lettres. Chemin faisant,

---

(1) Redern avait beaucoup connu Mesmer ; il était lié avec le grand magnétiseur Deleuze ; lui-même s'était beaucoup occupé de magnétisme.

il réfute les systèmes de Condorcet et de Cabanis,
entremêlant le tout de ses discussions de chiffres.

De son côté, Redern se défend par des mémoires ;
aux chiffres de Saint-Simon il en oppose d'autres ; il
lui reproche d'avoir prélevé, au plus beau moment de
leur association, 303,481 francs, du 6 ventôse an IV
au 1er. brumaire an VI, pour sa personne et pour la
tenue de sa maison ; il accuse sa prodigieuse prodiga-
lité, le désordre de sa conduite, le mauvais choix de
la plus grande partie de ses agens, enfin son incapa-
cité. Il établit en ces termes son bilan philosophique :
« les igorans l'ont trouvé *un savant fort ennuyeux*, et
les savans ont jugé que c'était un savant qui rêvait la
science. » Il lui rappelle sa ridicule prétention de descendre de Charlemagne et le discours qu'il s'est fait
adresser par l'ombre de ce grand monarque. Accusé
par lui d'illuminisme, il l'accuse à son tour d'avoir osé
imprimer que l'idée de Dieu était une invention de
l'ancienne école et de donner tout simplement son
athéisme comme une découverte (1).

Blessé au vif, Saint-Simon se fâche ; il accuse Redern d'avancer des inculpations aussi fausses qu'elles
sont atroces ; puis changeant de langage : « Je suppose,
« dit-il, que vous ne me deviez rien, que j'aie obtenu

(1) Mémoires de Redern.

« dans mon partage la totalité de ce que j'avais droit
« de prétendre dans les biens qui nous étaient com-
« muns, il reste toujours vrai que vous avez cent mille
« écus de rente et que je n'ai rien. Je réclame, au nom
« de notre ancienne amitié, secours de vous (1). »

Redern dut se décider à quelques sacrifices ; ce qui
le ferait croire, c'est que Saint-Simon quitta Alençon
à la fin de 1812, y laissant de nombreuses dettes et,
pour toute garantie, ses papiers dispersés chez ses
créanciers.

En possession de la plus belle terre de la Basse-
Normandie, Redern s'y occupa d'abord d'agriculture.
Lui aussi, à son heure, eut l'idée d'une ferme-modèle.
Il retint dans ce but la terre de la Chevalerie qui dépendait de sa forge de Varennes et y fit construire,
sur un nouveau plan, une maison d'habitation qu'il
entoura d'une cour fermée Trouvant l'assolement de
la contrée vicieux, il déclara la guerre aux genets et
essaya de supprimer la jachère et d'introduire la culture du trèfle et de l'avoine en grappe ; il projetait la
culture des plantes légumineuses pour la nourriture
des bestiaux. Plus tard, il abandonna ces essais agricoles pour prendre un intérêt dans une fabrique de

______

(1) Correspondance inédite de Saint-Simon. — *Bibliothèque de
M. de La Sicotière.*

produits chimiques , à Choisy, et pour se jeter dans de grandes spéculations sur les fers dont il voulut un instant avoir le monopole dans le bocage normand; mais une ligue des autres maîtres de forges se forma contre lui et cette vaste spéculation ne fut que l'occasion de pertes considérables. Il ne fut pas plus heureux dans le projet plus aventureux encore et que Saint-Simon n'aurait pas désavoué, de fonder au Kentucky un établissement agricole , sur une grande échelle et d'y défricher une immense étendue de terres incultes.

En 1814, il publia deux mémoires contre l'importation des fers étrangers, ce qui lui valut d'être nommé membre du conseil-général des manufactures. En 1815 , il se porta comme candidat à la députation dans le département de l'Orne , sous le patronage de Lafayette et de Lanjuinais , et ne fut pas nommé.

Il avait épousé, en premières noces, Henriette de Montpezat, veuve du comte de Malijac et fille de Jacques-Thimothée de Trémolet, marquis de Montpezat, d'une très-ancienne maison du Languedoc (1). Elle a

(1) La maison de Montpezat se rattache à Constance de Toulouse, mariée, en 1208, à Pierre Besnard , sieur de Sauves, et fille de Constance de France et de Raymond V , comte de Toulouse. Le marquis de Montpezat, père de Mme. de Redern, descendait en ligne droite de Jean de Trémolet, sieur de Montpezat , tué devant Aix le

publié quelques poésies et même quelques brochures politiques ; c'est à elle que Saint-Simon fait fort mé-chamment allusion lorsqu'il reproche à Redern, alors qu'il pouvait avec sa grande fortune épouser qui il voudrait, d'avoir choisi une femme qui ne pouvait pas lui donner d'enfans.

Redern usa généreusement de sa fortune et tint toujours dans le château de Flers un grand état de maison. En 1820, il vendit la terre et le château à MM. Schnetz et Thirion. Il avait cessé d'y habiter depuis son échec électoral de 1815. Nous savons encore de lui qu'il se remaria en secondes noces à Mlle. Palhen, de la grande famille de ce nom qui, séduite par les dons de son esprit et de son intelligence, l'épousa d'enthousiasme et lui apporta une certaine fortune.

Membre du conseil-général de l'Orne , depuis 1825 jusqu'en 1844 , M. Schnetz a puissamment contribué à la prospérité de la ville de Flers. Possesseur de la plus belle partie de cette immense terre et du vieux manoir

5 juillet 1593. Les armes de cette maison sont : d'azur au cygne d'argent nageant sur une rivière de même, mouvante au bas de l'eau, accompagné de trois molettes d'éperon d'or, à la bordure du second émail chargée de seize tourteaux du champ.

Voir Saint-Allais. *Nobiliaire universel de France* , t. XI.

féodal, il y a dignement continué les anciennes traditions de grande hospitalité.

Le château de Flers appartient aujourd'hui à **M. Philippe Schnetz**, son fils cadet, qui représente au conseil-général de l'Orne les intérêts de ce centre industriel si important.

On peut admirer, dans le château de Flers, quelques belles toiles de M. Victor Schnetz qui, en ce moment encore, est pour la troisième fois à la tête de l'académie de Rome, artiste privilégié qui, à un talent de premier ordre, joint l'aménité et la distinction des formes.

Pendant que nous écrivions ces lignes, il nous a été donné de voir Henri de Pellevé, le casque en tête, sortir de son château féodal suivi de ses vassaux et de ses pages, pour s'en aller guerroyer contre Brissac et les ligueurs sous les murs de Falaise (1). Une fois encore le vieux château s'est animé en retrouvant sa bannière, à côté de ces vieilles tourelles du XVIᵉ. siècle. Tous ces costumes d'une autre époque avaient bon air; Henri de Pellevé portait fort bien sa lourde cuirasse; et comme Laval, comme Rennes, comme Avranches, Flers a eu aussi sa cavalcade historique.

(1) Le sujet de la cavalcade historique qui a eu lieu à Flers, le 27 août 1854, était le départ de Henri de Pellevé pour le siége de Falaise.

CHAPITRE VIII.

La ville de la Ferté-Macé est le point de départ de l'industrie du coutil. — Réglemens qui régissaient la fabrication des toiles. — Leurs prescriptions. — Les coutils de la Ferté‑Macé, en 1722, d'une longueur moindre que celle prescrite par les réglemens. — M. de Pommereu, intendant d'Alençon, défenseur officieux des tisserands de la Ferté-Macé. — Ordonnance de 1724 spéciale à la Ferté-Macé. — Elle prescrit de nommer des gardes jurés. — Quelles étaient leurs fonctions. — Marque de grâce pour les coutils fabriqués. — L'ordonnance de 1738 réglemente la fabrication des coutils de la Ferté-Macé. — Marques de fabrique. — Pliage uniforme. — Les auneurs jurés. — Les blanchisseurs. — Réglementation de leur industrie. — Résumé de l'ancienne législation. — Dans son rapport de 1852, M. Toussaint réclame la marque de fabrique. — Ordonnance de Louis XVI, en 1781, concernant les coutils de la Ferté-Macé. — Mémoire de la Chambre de commerce de Rouen, en 1776.

Nous avons essayé de sauver de l'oubli tout ce qui tenait au passé du château et de la ville de Flers ; pour compléter notre tâche , il nous reste à faire l'histoire de l'industrie du coutil ; il nous reste à rechercher à quelle époque elle a été importée à Flers , à faire connaître les divers perfectionnemens introduits dans les métiers à tisser, enfin à préciser, par des chiffres, l'importance de ce nouveau centre manufacturier.

La ville de la Ferté-Macé a devancé Flers dans la fabrication du coutil : c'est donc là qu'il nous faut aller chercher le point de départ de cette industrie. Il en est pour la première fois question en l'an 1722 , mais comme d'une industrie déjà en plein exercice.

Voici , au reste , à quelle occasion : deux réglemens régissaient en Normandie la fabrication des toiles , l'un général et s'étendant à toute la France , datant du 14 août 1676 ; l'autre particulier aux généralités d'Alençon et de Caen , datant du 16 avril 1693.

Ces réglemens prescrivaient la longueur , la largeur des toiles et coutils au sortir du métier et la visite des marchandises fabriquées par des gardes jurés chargés de faire observer rigoureusement les prescriptions ordonnées.

Or , en 1722 , il ne se trouvait, à la Ferté-Macé , ni bureau de visite pour les marchandises , ni gardes jurés. Les ouvriers de ce lieu et des paroisses voisines fabriquaient des coutils et des *treillis* de demi-aune seulement et quelquefois de moindre largeur, au lieu de les fabriquer des deux tiers ou trois quarts de large , ainsi qu'en ordonnait le réglement de 1693.

M. de Pomereu était alors intendant d'Alençon. On lui représenta que vouloir appliquer dans toute sa rigueur le réglement de 1693 , ce serait ruiner inévitablement la fabrique de la Ferté-Macé, par la raison que les coutils qui s'y fabriquaient, étant plus grossiers que céux des villes et bourgs de la Généralite de Caen dont la largeur était de demi-aune, le placement en deviendrait impossible. Ces justes représentations trouvèrent un défenseur officieux dans M. de Pomereu. Après en avoir conféré avec les principaux. fabricans et marchands et l'inspecteur des manufactures, il se rendit l'interprète de leurs réclamations auprès du Régent.

Le 12 février 1724 , le roi , de l'avis du duc d'Orléans, modifia l'ordonnance de 1722, en ce qui concernait les coutils de la Ferté-Macé. Voici les termes de cette importante dérogation : « Étant informé que les tis « serands de la Ferté-Macé emploient du fil de chanvre « très-grossier qu'ils recueillent dans leur pays et « qu'ils sont d'usage de faire des coutils d'un quartier

« et demi de largeur ; qu'ils les vendent à bas prix et
« qu'ils servent au commun du peuple, au lieu que les
« coutils qui ont une demi-aune de largeur sont plus
« fins, permet aux tisserands de la Ferté-Macé de
« fabriquer des coutils d'un quart et demi de largeur
« comme auparavant le réglement de 1722 (1) ».

Mais une condition était imposée à cette faveur
tout exceptionnelle : c'est que les tisserands de la Ferté-
Macé seraient tenus de s'assembler au bourg de la Ferté,
le premier dimanche d'après la publication de cet
arrêt, à l'effet de procéder à l'élection de deux d'entre
eux pour faire les fonctions de gardes jurés pendant
le cours d'une année, l'un desdits jurés devant sortir
au bout de l'année et être remplacé de la même
manière, de sorte que chaque juré exercerait deux
ans.

Faute de ne pas élire les jurés, l'intendant devait
les nommer d'office.

Les fonctions de ces gardes jurés (c'est ici le lieu
d'en parler) consistaient à visiter et à marquer d'une
marque particulière et convenue toutes les marchandises fabriquées qui devaient être apportées par les
ouvriers dans un bureau spécial.

(1) Archives de l'Orne. *Fonds de l'Intendance.*

Défense était faite de vendre des marchandises non visitées et non marquées, sous peine d'une amende de 100 livres qui ne pouvait être ni remise ni modérée.

Tous les jeudis de chaque semaine, les jurés devaient se réunir au bureau de visite.

La marque de fabrique contenait ces mots : *toiles, coutils* ou *treillis de la Ferté-Macé;* elle était appliquée avec de l'huile et du noir aux deux bouts de chaque pièce.

En outre des amendes, les coutils en contravention devaient être coupés de deux en deux aunes publiquement, suivant les prescriptions de l'arrêt du conseil du 7 juillet 1684.

Pour assurer ces diverses mesures, 1°. les lames et rots des métiers servant à fabriquer durent être réformés dans le délai d'un mois.

2°. Le juge de police de la Ferté-Macé fut tenu d'envoyer tous ses procès-verbaux, pour fait de contravention, à l'intendant de la Généralité.

3°. L'inspecteur des toiles de la Généralité fut chargé de visiter, chez les tisserands calendreurs, et apprêteurs, tant leurs métiers que les coutils.

4°. Enfin les ouvriers furent astreints à se soumettre à ces visites et, en cas de refus, l'inspecteur ou les gardes jurés eurent ordre de requérir à leur aide un officier de justice, aux frais des contrevenans.

Néanmoins, pour tous les coutils qui se trouvaient fabriqués ou montés, tant à la Ferté que dans les environs, on fit apposer une marque de grâce et le délai de grâce fut fixé à un mois.

Le 14 janvier 1738, en vertu d'un nouveau réglement, il fut ordonné que les coutils rayés larges, fabriqués à la Ferté-Macé et aux environs, auraient à l'avenir en chaîne au moins trente-deux portées de quarante fils chacune, faisant douze cent quatre-vingt fils, et demi-aune, mesure de Paris, de largeur au sortir du métier. La chaîne et la trame devant être composées de fils de chanvre blanchi et les fils de la chaîne, destinés à former les raies desdits coutils, devant être teints en noir ou autre couleur de bon teint. Le tout à peine de confiscation desdits coutils et de trente livres d'amende pour chaque pièce.

Pour les coutils étroits rayés, le même réglement ordonna qu'ils auraient en chaîne au moins vingt-quatre portées de quarante fils chacune, faisant neuf cent soixante fils et un quart et demi d'aune, mesure de Paris, de largeur au sortir du métier. Les prescriptions étaient les mêmes pour le bon teint des fils de la chaîne et la même pénalité s'appliquait à toute infraction.

Pour compléter ces mesures, chaque fabricant devait avoir sa marque particulière (1).

Cette marque devait porter la première lettre de son nom, le nom du lieu de sa demeure en entier sans abréviation et l'aunage de chaque pièce, à peine de confiscation et d'amende de 50 livres.

Il était fait défense de se servir d'un faux nom ou de la marque d'un autre fabricant, à peine de 300 livres d'amende et de la déchéance de la maîtrise.

Les coutils devaient être pliés par plis égaux d'une aune, et pour qu'aucune fraude ne pût avoir lieu, la marque du fabricant et celle du garde juré devaient se trouver en dehors, à peine de confiscation et de 50 livres d'amende pour chaque contravention.

Puis dans chaque halle, il y avait des auneurs jurés, mesurant les marchandises fabriquées sur des tables de 2 ou 3 aunes de long. Ces auneurs, tout comme les gardes jurés, avaient une marque particulière, marque portant leur nom et surnom.

Enfin, défense était faite aux blanchisseurs de se servir de chaux ou d'autres ingrédiens corrosifs, sous peine de responsabilité envers le propriétaire et de

(1) Archives de l'Orne. *Fonds de l'Intendance.*

300 livres d'amende ; eux aussi étaient astreints à avoir leur marque particulière.

Résumons l'ensemble de ces mesures :

Fixation de la largeur et de la longueur des coutils au sortir du métier.

Obligation de la visite des marchandises fabriquées par des gardes jurés nommés par les fabricans eux-mêmes.

Obligation de l'aunage dans chaque halle.

Défense d'employer des matières corrosives pour le blanchissage des fils.

Obligation de la marque de fabrique pour le fabricant.

Marques particulières des gardes jurés, des auneurs-jurés, des blanchisseurs.

Amendes rigoureuses pour toute contravention aux réglemens.

Déchéance de la maîtrise dans certains cas.

Nous voulons ici appeler l'attention sur un rapprochement qui nous a vivement frappé. Dans le rapport si justement apprécié que M. Toussaint a présenté à l'Association normande, en 1852, sur l'industrie de la ville de Flers, il considère comme une des conditions essentielles de sa prospérité dans l'avenir le bon teint dans la fabrication, cette obligation que l'État, dans sa prévoyance, imposait autrefois aux industriels et

il a hautement demandé que la marque de fabrique fût rendue obligatoire : « cette mesure, disait-il, rame-
« nerait forcément la loyauté dans les transactions
« avec l'étranger (1) ».

Reprenons l'historique de la réglementation de la fabrication des coutils.

Le 16 février 1781, le roi Louis XVI, par lettres-patentes enregistrées au Parlement de Rouen, ie 22 mai suivant, prescrivit un réglement pour la fabrication des toiles et toileries dans la Généralité d'Alençon. Son but, comme sous le règne précédent, était d'indiquer, pour chaque Généralité, les espèces de toiles et de toileries qui s'y fabriquaient et de préciser, dans un tableau contre-signé et invariable, les matières, le nombre de fils dont elles devaient être composées ainsi que les largeurs des toiles et coutils au sortir du métier.

Un article spécial réglementait les coutils de la Ferté-Macé.

Pour les coutils rayés larges à chaîne et trame en brin de chanvre, leur largeur au sortir du métier était fixée à une demi-aune et le nombre des fils de la chaîne était fixé à 1320.

(1) Rapport de M. Toussaint, *Annuaire Normand* de 1852, p. 65.

Les coutils rayés étroits, chaîne et trame en brin de chanvre, devaient avoir, à la sortie du métier, un quart et demi et le nombre des fils de la chaîne était fixé à 1000.

Le même édit rappelait l'obligation de la marque de visite pour les toiles et coutils et défendait aux blanchisseurs d'étendre ou de laisser les toiles et toileries sur les prés depuis le 1er. décembre jusqu'au 1er. mars.

Nous ne saurions mieux terminer cet exposé très-incomplet de la législation qui réglementait le commerce des toiles et des coutils, qu'en empruntant quelques citations à un remarquable mémoire présenté par la Chambre de commerce de Rouen, en 1776 ou 1777 :

« Qu'on donne au commerce, disait ce mémoire,
« la liberté outrée que la cupidité appelle sans cesse à
« son aide, alors le funeste désir de s'enrichir promp-
« tement corrompra la plupart des artistes et des
« marchands; ce sera la ruine du public. Quel cas,
« en effet, pourront faire de l'intérêt public des
« hommes qui s'en regarderont comme isolés? Quelle
« impression pourra leur faire l'aspect éloigné d'un
« intérêt futur comparé à la masse présente d'un profit
« facile à saisir, plus ou moins considérable, suivant
« les circonstances ou l'audace? Ces hommes, qui sa-
« crifieront tout à de promptes occasions de s'enri-
« chir, braveront l'opinion. Il arrivera inévitablement

« au commerce général ce qui est advenu à un éta-
« blissement particulier formé, en 1753, dans une ville
« du Languedoc. On y a fabriqué des étoffes à l'usage
«. des Levantins qui, chaque année, venaient les acheter
« à la foire de Beaucaire. Tant que les premiers ré-
« glemens ont été respectés, la fabrique de cette ville
« prospéra; mais du moment où on les négligea, elle
« tomba promptement. Les Levantins trompés ne fu-
« rent dupes qu'une fois. Ils ne parurent plus et la
« fabrique a croulé.

« C'est ainsi qu'avec une liberté illimitée et sans
« surveillance, il en adviendra pour tout le commerce.
« Où les générations prochaines pourront-elles trouver
« un dédommagement ou plutôt des remèdes à cette-
« chute générale? Ruiné au dedans, décrié au dehors,
« *il faudra en revenir à des lois qu'on aura rejetées.*
« Combien d'efforts ne seront pas alors nécessaires
« pour établir leur empire? Combien de temps pour
« regagner la confiance? Sera-t-il possible de ra-
« nimer les cendres de ceux de nos ouvriers consumés
« par la misère? Pourra-t-on se flatter de rappeler
« ceux qui auront passé à l'étranger? Ils craindraient
« ou de périr sous le poids inutile de nouveaux efforts,
« ou d'éprouver encore notre instabilité.

« Cette liberté abusive a dégradé la fabrication de
« nos *toiles blancardes,* autrefois si prisées, maintenant
« assez décriées pour qu'on leur préfère celles de Si-
« lésie et autres.

« Les mêmes désastres se sont portés sur le com-
« merce des *toiles siamoises.*

« Qu'a produit encore cette liberté effrénée pour la

« qualité du teint? Ne donne-t-on pas chaque jour le
« faux pour le bon? En vain le principal corps des
« marchands, chargé d'y surveiller dans cette capitale
« de la province, a-t-il saisi les contrevenans et voulu
« faire punir leurs audacieuses voleries. L'esprit con-
« tagieux de la liberté a procuré l'impunité; il en a
« été de même pour la réduction du nombre des fils
« nécessaires dans la composition des pièces.

« . . . . De là les commerçans les plus honnêtes
« ont été forcés, depuis quelques années, de faire
« comme les moins délicats, afin de conserver leur
« état (1) ».

(1) Archives de la Chambre de commerce de Rouen, article
Jurande. Ouën Lacroix, *Histoire des corporations de Rouen,*
p. 406.

CHAPITRE IX.

L'industrie du coutil introduite à Flers, dans la seconde
moitié du XVIIIe. siècle. — MM. Profichet et Lesueur fabriquent du coutil, en 1770. — A cette époque, quels étaient les
articles fabriqués ? — Les coutils trois lames et M. Pierre
Vardon. — Innovations de M. Guérin-Desrivières. — Les
retors. — Les joncs. — Les lacets. — L'ancienne laize. — La
navette volante appliquée par M. François Retout. — Essai
infructueux du caribari. — Les métiers à la navette volante
ne se généralisent qu'en 1820. — Causes de la prospérité
de l'industrie de Flers. — M. Foucault-Desnos substitue, pour
les coutils 5/4, la trame en coton à la trame en fil. — Dif-
ficultés de cette substitution. — Imitation du fil. — Premier
essai de chaînes en coton. — Première pièce fabriquée en
coton, trame et chaîne. — L'article lacet subit les mêmes
transformations. — Les coutils à carreaux et les châsses à
deux et trois navettes. — Quel en est l'inventeur ? — Les

coutils fantaisie pour vêtemens. — Introduction des métiers
à la Jacquart. — Leur application en grand par M. Toussaint, maire de Flers. — Flers encore tributaire de
Paris pour les dessins. — Tous les métiers à la Jacquart
montés par M. Bastien Souron. — Le métier à la Jacquart
appliqué au linge de table par MM. Lesueur et Pringault.
— Progrès successifs de la fabrication du linge de table. —
Les premières blanchisseries. — Introduction du procédé
Bertholet par M. Forget. — Les machines à sécher améliorées par MM. Groussard frères et Barbey. — Établissemens fondés pour l'apprêt des tissus. — Les colles. — Les
cotons chinés. — Ce qu'a été l'exposition de 1852.

Nous venons de rappeler sommairement ce qu'avait
fait l'ancienne législation pour maintenir le commerce
dans cette voie de probité, la plus sûre de toutes pour
arriver à la fortune. Examinons maintenant à quelle
époque remonte la fabrication des coutils dans la ville
de Flers.

Nous pouvons conjecturer que ce fut dans la seconde
moitié du XVIIIe. siècle. En effet, M. Profichet, sieur
de l'Orsonière (1) qui mourut vers 1799, à l'âge de 90
ans, s'occupait de la fabrication des coutils. Les sou-

(1. Membre de fief du comté de Flers.

venirs conservés dans cette si ancienne et si honorable famille ne laissent aucun doute sur ce fait et il n'était pas le seul. En 1770 , M. Guillaume Lesueur fabriquait aussi des coutils en fil pour literie. Cette industrie, depuis l'année 1761 (1), était fortement encouragée dans la Généralité de Rouen. M. de Brou, intendant de Rouen à cette dernière date, avait accordé une gratification aux tisserands qui fabriqueraient des coutils rayés bleus et blancs, façon de Bruxelles.

Mais en nous reportant à 1770, cette industrie n'était que bien peu répandue. On fabriquait uniquement de grosses serviettes que l'on appelait barrages, des coutils blancs pour guêtres, des coutils de couleur jaune, couleur que l'on obtenait par le lessivage des fils, enfin, et ce qui est important pour bien établir notre point de départ, quelques pièces de coutils de fil en petites barres, bleus et blancs pour literie. Dans ce commencement, le dessin n'en était pas le même que celui qui fut adopté environ dix ans plus tard et qui depuis a été généralement suivi, sauf quelques modifications.

(1) M. Profichet était père de Mme. Dumesnil; c'est l'aïeul de M. Fr. Lesueur, un des fabricans actuels de Flers, qui ait donné le plus d'extension à la fabrication des toiles-cotons en imitation de fil.

Ce fut environ vers l'année 1800, que M. Pierre Vardon introduisit la fabrication des coutils imitant la feuille de fougère et qu'on appela trois lames. C'était son secret et ce fut l'occasion pour cet habile fabricant de bénéfices considérables ; mais, une nuit, la fenêtre de son cellier fut forcée : on enleva les lames et l'ingénieux procédé une fois connu, la fabrique tout entière ne tarda pas à en profiter. Cet article se généralisa.

Depuis cette époque jusqu'en 1814 , nous avons à signaler quelques innovations heureuses de M. Guérin Desrivières père dans la mécanique des métiers à tisser, innovations qui lui permirent de fabriquer des retords, ainsi nommés parce que, dans la formation de la chaîne, les fils sont enroulés deux par deux et tordus l'un sur l'autre.

Nous signalerons encore l'introduction des coutils *joncs* à trois lames, nom de fantaisie donné à ce genre de rayures et celle des coutils *lacet*, invariablement voués alors au vert et blanc, comme ils le sont aujourd'hui au bleu et blanc ; enfin l'introduction des toiles désignées sous le nom de toiles *cholettes*, à rayures bleues et blanches et celle d'un autre article maintenant abandonné , appelé *becot*, pour lequel on employait le rebut du chanvre.

La laize d'environ 5/8 était d'usage pour la plupart de ces articles, à l'exception de quelques coutils dans le genre de ceux de la Ferté-Macé dont la laize était réduite et à l'exception des coutils jaunes et blancs et des coutils dits *becots*, dont la laize tout au contraire était beaucoup plus large que 5/8.

C'est à un ouvrier d'une haute intelligence, employé d'abord dans la fabrique de M. Richard Lenoir, à Athis, et aujourd'hui contre-maître dans les ateliers de M. Toussaint, c'est à Jean-François Retout, né à Athis, qu'est due une innovation qui devait amener toute une révolution dans les procédés de fabrication; nous voulons parler de la substitution de la navette volante à la navette ordinaire, que l'ouvrier mettait en mouvement en la chassant d'une main et en la recevant de l'autre (1).

Dans son système, le mouvement a lieu au moyen de deux cordes attachées des deux côtés du porte-châsse et reliées entr'elles par une corde de traverse, dont le bout se termine par une poignée qui pend devant l'ouvrier et qu'il n'a qu'à tirer brusquement.

(1) La navette est une pièce prismatique en bois dur, de quinze à vingt centimètres de longueur, qui se termine par deux cônes, afin qu'elle ne soit pas accrochée par les fils de la chaîne, entre lesquels elle court constamment.

C'est un vrai cordon de sonnette; et le nom en est resté à l'invention. Quant aux avantages de cette substitution, on peut les résumer ainsi : accélération et régularité dans le mouvement.

Il est juste de dire que M. François Delaunay, en 1813, en avait conçu la première idée et pressenti tout le parti qu'on devait tôt ou tard en tirer. Dans ce but, il s'était adjoint deux ouvriers réputés fort habiles, François Mauviel et Louis Jehan. Avec leur aide, il essaya de remplacer la navette ordinaire par le *caribari*, adopté déjà pour quelques métiers dans le canton d'Athis, dès l'année 1807. Cette première tentative ne réussit pas : c'est donc, en définitive, à François Retout que revient l'honneur du perfectionnement qui lui a valu une médaille d'argent à l'exposition de l'industrie de 1849.

Généralisée aujourd'hui, cette innovation ne passa pourtant que lentement dans la pratique. De 1815 à 1820, M. François Delaunay fut à peu près le seul à se servir du nouveau métier marchant à la navette volante, et ce n'est, en réalité, qu'en 1820, que quelques fabricans montèrent des métiers d'après le nouveau système dont ils parvinrent encore à simplifier le mécanisme.

L'existence, la prospérité d'un nouveau centre manufacturier ayant sa spécialité, son monopole n'est

pas due uniquement à la réunion de quelques circonstances accidentelles et heureuses, il faut encore
qu'à un moment donné il se rencontre des hommes
d'intelligence qui appliquent toutes leurs facultés à
perfectionner les instrumens de travail qu'ils ont reçus
de leurs devanciers, à vulgariser, pour ainsi dire, les
produits de leur fabrication. Sous ce rapport, la ville
de Flers a été privilégiée. Ne cherchons pas d'autre
cause à sa prospérité.

Avant qu'il ne fût question de Flers comme industrie,
des rues entières de Rouen ont eu le monopole presque
exclusif de la fabrication du coutil pour la literie.
Aujourd'hui, elles en sont dépossédées ; ne l'attribuons
pas uniquement à la différence du prix de la main
d'œuvre. L'appropriation mieux entendue de la matière
première, la création de nouveaux articles, les perfectionnemens successifs apportés aux anciens métiers,
sont bien aussi pour quelque chose dans le succès de
la fabrique de Flers.

Enregistrons une à une ces importantes innovations.
En 1821, M. Foucault-Desnos, aîné, substitua dans
la fabrication des coutils 5/4 la trame en coton à la
trame en fil ; mais là se présentait une difficulté dont
vint à bout l'ingénieux fabricant : ces trames en coton
devant être préalablement mouillées, on les mouillait

sur la bobine ; il en résultait que le dessus absorbait toujours trop d'eau et le dessous pas assez et que cette inégalité se reproduisait dans les nuances de la marchandise fabriquée, cause inévitable de dépréciation. M. Desnos eut alors l'idée de faire mouiller le coton en écheveaux, amélioration fort heureuse, car détrempé ainsi d'une manière uniforme, le coton offrit plus de résistance et put s'enrouler avec plus de facilité autour de la bobine (1).

Ce premier essai amena plus tard les fabricans à confectionner un article tout spécial, imitant le fil et pouvant être donné à prix très-réduit, article qui, durant bien des années, concurremment avec les *lacets*, s'est fait presque exclusivement à Flers.

C'est ce même procédé qu'a suivi la Ferté-Macé pour ses jolies toiles de coton qu'elle peut livrer à si bas prix et qui sont employées pour chemises. C'est ainsi encore que se fait la majeure partie des nappes appelées doubliers et des serviettes; mais l'imitation du fil nécessite l'emploi de *tissures* très-collées.

Le mouvement une fois donné, on essaya de fabriquer des coutils la chaîne en coton et la trame en fil. Comme

____

(1) M. Desnos se fit aider, dans ce nouvel essai, par un ouvrier nommé *Pierre Profichet* qui habite encore Flers.

beauté et comme bonté d'étoffe, ce genre de coutil était d'une supériorité incontestable ; mais son prix de revient était trop élevé et aujourd'hui il faut avant tout produire à bon marché. Vers 1822, M. Foucault-Desnos essaya de fabriquer une pièce de coutil entièrement en coton, trame et chaîne. La pièce fut confiée au nommé Pierre Duval (1). Ce nouvel essai ayant réussi, ce genre de coutil passa dans le commerce et peu de temps après fut généralement accepté pour la literie. MM. Delaunay (François), Graindorge, Lechevrel marchèrent hardiment dans cette nouvelle voie qui devint une source de profits considérables et pour le maître et pour l'ouvrier.

L'article appelé *lacet* a suivi les mêmes phases. Le coton a été successivement substitué au fil, soit pour la trame, soit pour la chaîne.

En 1837, M. Félix Jenvrin fut le premier à confectionner des coutils à carreaux et à se servir, pour cette fabrication, de châsses à deux navettes. Le mérite de cette invention, à ce qu'il paraît, reviendrait aux Anglais. Un curé d'Athis, M. Jossé, habile mécanicien et grand constructeur d'horloges compliquées, en aurait rapporté le modèle de Jersey. Le système en est

____

(1) Il habite encore Flers.

simple : un mécanisme placé dans l'intérieur même de la châsse force les navettes à monter et à descendre alternativement et comme chacune des navettes est chargée d'un fil de couleur différente , leur entrecroisement forme le carreau.

Nous n'avons garde d'oublier ici l'intelligent constructeur de métiers, M. Seguin (François) ; c'est à lui que la fabrique est redevable des premières châsses à deux, trois et quatre navettes.

En 1838, la fabrique de Flers se jeta dans la fabrication des *coutils fantaisie pour vêtemens;* plus d'un tiers des métiers y fut consacré. Deux seuls articles ont survécu à cet engouement : les *joncs* et les *carreaux.* Parmi les quelques fabricans qui s'en occupent encore avec succès, nous nommerons M. Quillard aîné et MM. Diot et Noury, auxquels l'Association normande, en 1852, a donné une médaille pour la bonne réussite et le bon goût de leurs articles *nouveautés ;* et MM. Le Hugeur et Retout qui ont obtenu un rappel de mention honorable pour la distinction et la diversité des dessins de leurs *coutils fantaisie.*

En 1840, Mme. Appert, d'une intelligence si sûre et si pratique, rapporta à Flers le métier à la Jacquart, dont elle avait été à Paris étudier le mécanisme et les moyens d'application.

Nous n'entrerons pas dans l'explication du métier à la Jacquart, ni de ces ingénieux cartons offrant à la fois des vides et des pleins qui laissent tantôt passer l'aiguille et tantôt la repoussent, suivant les caprices du dessin qui vient magiquement et de lui-même s'enrouler devant l'ouvrier ; nous ne dirons pas comment il doit y avoir autant de *duites*, ou, pour parler plus simplement, autant de coups de navette que de cartons, de sorte qu'un bon ouvrier, faisant quelquefois dans sa journée 24 fois le tour de 600 cartons, se trouve avoir fait mouvoir 14,400 fois la navette ; nous nous bornerons à constater que, grâce à M. Toussaint, aujourd'hui maire de Flers, si sympathique à tout ce qui est innovation et progrès, les métiers à la Jacquart sont à jamais naturalisés à Flers. Nous en avons vu, dans ses ateliers, quatorze en pleine activité : les uns fabriquent de l'*épinglé* et les autres, du *satin*.

Pour la fabrication de l'épinglé, la chaîne étant de deux couleurs, le métier marche avec deux navettes. Ce perfectionnement est dû à M. Seguin, dont le nom se lie encore ici aux progrès de la fabrication. Pour la façon du satin, on emploie le métier à une seule navette.

Que d'articles ont été conquis par le métier à la Jacquart ! Il nous suffira de citer les riches étoffes pour rideaux, pour meubles, pour tenture, pour intérieur de voitures.

Malheureusement Flers est encore tributaire en partie de Paris, soit pour les dessins, soit pour la préparation des cartons. Le jour viendra, espérons-le, où le développement que prendra la fabrication des coutils façon-Jacquart amènera des dessinateurs du dehors et encouragera la formation d'une classe spéciale de dessin. N'est-ce pas à son école des Beaux-Arts et à des maîtres tels que Saint-Jean, que Lyon doit cette supériorité qu'on ne saurait lui disputer ?

Nous ne saurions pourtant passer sous silence les services rendus par M. Bastien Souron, habile dessinateur, qui a quitté Roubaix pour s'établir à Flers; c'est lui qui a monté successivement tous les métiers à la Jacquart. Les dessins de sa composition qu'il a fait exécuter, sont d'une heureuse disposition.

Une fois appliqué à la fabrication des coutils, le métier à la Jacquart n'a pas tardé à l'être à celle du linge de table (1). M. Lesueur, dont la famille a rendu à toutes les époques des services à la fabrication, en prit l'initiative. Déjà, en 1826, il avait fait tisser des

____

(1) Ce fut en 1841.

services ouvrés ; et, en 1833, des toiles-coton, en toutes largeurs, imitation de fil.

Nous ne le séparerons pas de M. Jean Pringault qui,
depuis 1818, s'occupe avec tant de succès de la fabrication du linge de table. Il avait, en 1830, commencé
à fabriquer du linge de table en coton ; lui aussi se sert
des métiers à la Jacquart, pour les services damassés.

C'est encore M. Bastien Souron qui a monté les métiers à la Jacquart, pour la fabrication des services de
table (1).

L'industrie du linge de table a suivi, à Flers, une
marche presque parallèle à celle du coutil. Ainsi, dans
le commencement, on se servait de la navette à la
main, ce qui nécessitait l'emploi de deux ouvriers par
métier. En 1820, l'application de la navette volante a
permis de n'en plus employer qu'un seul.

A côté de la fabrication du coutil viennent se grou-
per d'autres industries qui en sont les annexes.

Commençons par les blanchisseries. M. Profichet de
l'Orsonnière, dont nous avons cité le nom, comme l'un
des premiers qui se soit occupé de la fabrication des
coutils au XVIIIe. siècle, établit aussi le premier une
blanchisserie ; mais le procédé était alors des plus sim-

_____

(1) L'Association normande, en 1852, a récompensé par une médaille
d'argent les nombreux services qu'il a rendus à l'industrie de Flers.

ples : on s'en tenait au lessivage et à l'*étente* sur le pré (pour nous servir de l'expression consacrée). Cet essai n'eut pas même de suite. Vers 1812 , MM. Delaunay frères établirent une nouvelle blanchisserie qu'ils ne tardèrent pas non plus à abandonner. C'est à **M.** For-get, vieillard de 92 ans , qui vit encore et a bien voulu nous donner quelques renseignemens précieux sur le vieux Flers , que la fabrique est redevable de l'application du procédé appelé *Bertholet* pour le blanchissage des fils. Avant d'en arriver là , et *comme progrès*, il avait long-temps employé l'eau de Javelle.

Des blanchisseries, passons aux machines à sécher qui jouent un grand rôle dans la bonne fabrication des coutils.

Avant 1839, on se bornait à faire sécher les tissus à trames mouillées dans des chambres chaudes. Leur plus ou moins de fermeté s'obtenait en raison du degré de chaleur; il s'en suivait qu'en hiver, on n'arrivait jamais à cette consistance qu'exige le consommateur. La production de Flers se trouvait donc arrêtée dans son développement et limitée aux gros tissus.

C'est alors que MM. Groussard frères, de S^{te}.-Hono-rine-la-Chardonne, d'après les excellens conseils de M. Toussaint qui avait pu apprécier à Rouen les bons résultats obtenus par les machines à sécher , se décidèrent à un nouveau sacrifice et dotèrent le pays de la première machine à sécher, chauffée directement par dés fourneaux.

Puis, en 1841, M. Barbey établit à Flers une machine à sécher marchant à la vapeur. C'était encore là un nouveau progrès, car la chaleur obtenue ainsi est plus douce et plus égale et les tissus deviennent nécessairement plus souples au toucher.

Voyons maintenant ce qu'on a fait pour les tissus à trame sèche.

C'est en 1834 que l'on a commencé à apprêter ce genre de tissus.

Aujourd'hui il existe cinq établissemens desservis par sept machines à vapeur, occupant environ 40 ouvriers au-dessus de 16 ans dont le salaire moyen est d'environ 1 fr. 50 par jour.

Le montant du produit des cinq établissemens peut être évalué à 200,000 fr.; leur consommation de charbon, à 14,000 hectolitres de charbon de terre anglais d'une valeur de 56,000 fr.

On emploie pour les apprêts des colles de toute espèce (1). Les fécules et les amidons sont fournis, en partie, par trois établissemens de la localité. Le reste

(1) Rapport de M. Toussaint, *Annuaire Normand* de 1852. Notes qu'il nous a communiquées.

vient de Rennes, de Tours et de Paris. Les colles animales sont fabriquées à Flers.

Cette industrie a fait en peu de temps assez de progrès pour que l'Association normande ait cru devoir accorder, en 1852, une médaille d'argent à MM. Buffard et Ozout pour la perfection de l'apprêt des étoffes qu'ils avaient exposées.

Jusqu'en 1851, Flers était resté tributaire de Rouen pour les cotons *chinés* ou *imprimés*. C'est à cette date que M. Blot a importé à Flers cette nouvelle industrie, à laquelle MM. Gallet frères viennent de donner un grand essor, dans un nouvel établissement où ils emploient 70 ouvriers, dont 33 enfans au-dessous de 16 ans.

Ici se termine ce travail bien incomplet sur l'industrie de Flers. Pour comprendre ce qu'elle est aujourd'hui, ce qu'elle est appelée à devenir, il aurait fallu assister, comme nous, à l'exposition de 1852, improvisée en quelques jours; il aurait fallu voir se dérouler toutes ces pièces de coutil aux dessins si variés qui témoignent de la supériorité que les nouveaux métiers assurent à la fabrique de Flers. Il reste à désirer que les mêmes améliorations soient apportées dans les procédés de teinture.

CHAPITRE X.

de Flers. — Société de St.-Vincent de Paul. — Cercle qu'elle
a fondé. — Société de Sᵗᵉ.-Cécile. — Société de secours
mutuels. — Salle d'asile. — Écoles de Flers. — Nombre des
enfans qui les fréquentent. — Sœurs de la Miséricorde. —

Nous n'avons plus qu'à faire connaître l'importance
commerciale de la fabrique de Flers. En terminant, nous
consacrerons quelques lignes aux ouvriers tisserands et
aux établissemens de prévoyance et de charité de la
ville de Flers.

Pour bien suivre la marche ascendante de la production de l'industrie du coutil, voici d'abord quelques
chiffres qui ont un mérite d'ancienneté.

En 1759, la fabrique de la Ferté-Macé produisit
onze mille quatre-vingt-dix pièces de coutil. Nous
garantissons l'exactitude de ce chiffre, car la marque
et la visite des pièces à un sol par pièce rapporta pour
cette même année 554 livres 10 sols (1).

Dans l'enquête industrielle qui eut lieu à Flers, en

(1) Ce prix était supérieur aux frais de régie :

L'inspection des manufactures coûtait alors. . . . 340 livres.

Le commis des gardes jurés. 100

La location du bureau de visite. 24

Total. . . . 464 livres.

Archives d'Alençon. *Fonds de l'Intendance.*

1839, il fut constaté qu'il sortait des diverses fabriques de l'arrondissement de Domfront deux mille pièces de coutil par semaine, ce qui nous donne environ cent quatre mille pièces comme total de production. Chaque pièce, terme moyen, coûtait à cette époque 100 fr.

Dans l'enquête de 1852, les produits pour la fabrique seule de Flers, fabrique qui rayonne dans les cantons d'Athis, de Tinchebrai, de Messei, de Domfront, de Briouze, de Vassy, de Condé-sur-Noireau, d'Harcourt et de Sourdeval, sont évalués à 192,000 pièces par an, mesurant 20,000,000 de mètres, pesant 3,600,000 kilogrammes et d'une valeur de 17,000,000 de fr. (1).

Nous avons constaté le nombre des pièces de coutil fabriquées. Voyons maintenant quelles ressources les filatures de l'arrondissement de Domfront offrent à la fabrique de Flers.

En 1839, on comptait dans l'arrondissement de Domfront 19 filatures. Aujourd'hui, on en compte 36, employant 1663 ouvriers de tout âge et de tout sexe, ayant à leur disposition, comme puissance de fabrica-

____

(1) Rapport de M. Toussaint, *Annuaire normand*, année 1852, p. 62. Vers 1760, la fabrication des toiles et toileries de la généralité de Caen n'était évaluée qu'à environ 30,000 pièces, dont la valeur totale ne s'élevait guère à plus de 2,000,000. Archives du Calvados. *Fonds de l'Intendance.*

tion, 381 métiers et 95,565 broches, dont la majeure partie est en *mull-Jenny* et un petit nombre en *continus.* Dans ce chiffre, il faut comprendre 256 enfans, dont 82 au-dessous de 12 ans.

Ce chiffre de production ne s'arrêtera pas là. Les 2,500,000 kilogrammes environ qui sortent annuellement de nos filatures, ne sauraient suffire à la consommation de la fabrique seule de Flers, évaluée à environ 3,600,000 kilogrammes de coton filé. Aussi, chaque usine tend-elle à s'agrandir, à doubler ses produits. Depuis quelques années, des machines à vapeur, dans certains établissemens, suppléent au manque d'eau des mois d'été et de nouvelles usines en projet utiliseront, dans un avenir prochain, toutes les forces hydrauliques de nos riches vallées.

La question des salaires se lie si intimement à la production, que nous ne saurions l'en séparer.

L'enquête de 1839 nous offre, sous ce rapport, quelques chiffres qu'il ne faut pas négliger et que nous rapprocherons de ceux de l'enquête de 1852.

En 1839, on évaluait le chiffre des ouvriers tisserands, pour l'arrondissement de Domfront, à 3,500 ouvriers travaillant toute l'année à la fabrication, indépendamment d'un certain nombre ne travaillant qu'accidentellement.

En 1852, le chiffre des ouvriers est porté à 28,500 pour la seule fabrique de Flers.

En 1839, chaque ouvrier, si les calculs donnés à cette époque sont justes, gagnait de 1 fr. à 1 fr. 75 c. par jour, tous frais déduits.

En 1852, le salaire de l'homme au-dessus de 21 ans est évalué de 1 fr. à 2 fr. par jour; celui de la femme à 1 fr. (1).

Les rapports entre les ouvriers et les maîtres sont réglés par un conseil de prud'hommes composé de

______

(1) Voici le tableau dressé par M. Toussaint, dans son remarquable rapport :

	Nombre d'ouvriers.	Salaires.			
Tissage. — Hommes au-dessus de 21 ans.	3,600	de 1 fr. »	à 2 fr. »	par jr.	
Femmes id. . .	4,000	»	75	1	»
Jeunes gens des deux sexes au-dessous de 21 ans. . . .	4,400	»	60	1	»
Bobinage des chaînes. — Ouvriers de tout âge et de tout sexe.	9,000	»	30	»	50
Bobinage des trames. — Ouvriers de tout âge et de tout sexe.	7,000	»	30	»	60
Ourdissage des chaînes. — Ouvriers des deux sexes.	500	1	»	1	50

28,500

douze membres. De l'année 1848, date de sa création, jusqu'au 1er. juin 1853, dans l'espace de quatre années, sur 252 affaires soumises au conseil, 230 ont été terminées à l'amiable et 22 seulement ont été jugées (1). Ces chiffres en disent assez. D'ailleurs la loi sur les conventions entre les maîtres et les ouvriers en matière de bobinage et de tissage, si elle était exécutée, semblerait devoir mettre fin à toute contestation; mais elle ne l'est pas ou du moins fort imparfaitement. Dans son consciencieux rapport, M. Toussaint le déplore hautement; il voit dans cette inexécution, si regrettable, une perte pour l'ouvrier et un moyen de concurrence entre les fabricans, « *puisque tel article qui se paie* « *30 fr. la pièce, mesure chez l'un 160 mètres et chez* « *l'autre 190. L'application stricte de la loi ramènerait,* « *ajoute-t-il, l'égalité entre les fabricans et influerait* « *sur le prix du salaire qui serait toujours basé sur une* « *longueur uniforme. Le paiement au mètre et la longueur* « *de la chaîne, voilà ce qu'il faut à l'ouvrier* (2) ».

Nous ferons remarquer ici que la nouvelle loi sur le tissage a beaucoup emprunté à l'ordonnance de 1738 qui, comme nous l'avons vu, réglementait la

____

(1) Rapport de M. Marais, *Annuaire normand*, année 1852.

(2) *Annuaire normand* de 1852, p. 68.

longueur de la chaîne. Une fois de plus (et en 1848)
on s'est servi de l'expérience du passé.

Si la fabrique de Flers, avec ses 18 millions de
produits, avec sa chambre consultative des arts et
manufactures, a pris définitivement son rang dans le
monde des intérêts commerciaux, les ouvriers de
Flers ont aussi pris le leur. Un écrivain de beaucoup
de talent et qui, dans un livre remarquable et par
l'ensemble et par le rapprochement des observations,
a passé en revue les populations ouvrières de France,
M. Audiganne, a consacré quelques lignes à nos ouvriers
tisserands. Nous le laisserons parler : l'éloge dans sa
bouche ne sera pas suspect :

« De tous les pays où règne le travail à domicile,
« celui-ci est un des plus favorisés. Quand on quitte
« la demeure négligée et si souvent déserte des ouvriers
« de Rouen pour entrer sous le toit du tisserand de
« Flers, on se croirait transporté dans un autre siècle
« ou chez un autre peuple. Ici, la vie de famille est
« enracinée dans les mœurs : père, mère, fils et fille,
« passent tout le jour autour des mêmes métiers, con-
« courent à la même production, chacun suivant sa
« force. Cette existence calme, on l'accepte pour tou-
« jours, on n'en rêve pas d'autre. Les fruits du travail
« et les dépenses quotidiennes sont également mis en

« commun. Le chef de famille, dont l'autorité respec-
« tée réveille quelques souvenirs antiques, dirige tout
« dans l'intérêt de tous. La femme jouit d'une influence
« considérable : épouse, mère, sœur aînée même, elle
« règle la conduite de chacun et détermine le niveau
« de la moralité commune. »

Pour compléter ce tableau, nous ajouterons qu'il y a dans le bocage normand intime solidarité entre le travail industriel et le travail agricole. Quand vient l'heure de la récolte, l'armée industrielle quitte la navette, pour prendre la faucille ou le fléau. Aussi en retour, par une belle journée d'automne, voyez passer cette lourde charrette attelée de trois vigoureux percherons ; c'est le fermier qui paie sa dette de la moisson et charrie le bois que le tisserand destine à son chauffage de l'hiver et quand la provision est insuffisante, que de fois le bois donné par la ferme vient y suppléer ! Une partie du laitage de la ferme est pareillement destiné aux pauvres ménages. Quelquefois, pour tout un village, dont chaque habitant a sa petite parcelle de champ, ce rêve de sa vie, il n'y a qu'un seul cheval. Eh bien ! prêté gratuitement par son propriétaire à tous les voisins, le pauvre animal labourera tous les champs et rentrera toutes les récoltes. Qu'un petit fermier, qu'un petit propriétaire, n'ayant que ses bras, tombe malade, c'est à qui officieusement fera ses labours, rentrera sa récolte. Cette assistance, pratiquée sur une si grande échelle et avec une si fraternelle charité, rend, il faut le dire, plus difficile dans nos campagnes la création de sociétés de secours mutuels.

De tout cela ne concluons pas trop vite en faveur d'une prospérité sans exemple, d'un âge d'or pour nos populations. Par une de ces lois tellement invariables qu'on doit les accepter comme providentielles, partout où pénètre l'industrie, à coté de richesses promptement acquises pour quelques-uns, nous avons le navrant spectacle de misères totalement inconnues dans les pays purement agricoles, où l'économie et une persévérante ténacité élèvent chaque jour le niveau du bien-être.

Le fait peut s'expliquer par l'accumulation de trop de bras sur un seul point, qui, au premier chômage, deviendront immobiles; il peut s'expliquer par cette tentante habitude qu'ont les ouvriers, dans les pays de fabrique, de calculer leur dépense sur la plus forte recette des jours de prospérité, mais il n'en existe pas moins. Dans les pays de fabrique, il faut donc être prévoyant pour qui ne l'est pas. Sous ce rapport, la ville de Flers n'est pas restée en arrière.

Une caisse d'épargne a été établie le 6 décembre

1845 ; elle fonctionne depuis le 5 avril 1846. Cette institution toute populaire , malgré le zèle d'administrateurs dévoués, n'a pas encore vu venir à elle les épargnes de l'ouvrier. En 1851 , elle ne comptait encore que 65 déposans et le capital déposé n'était que de 13,997 fr. (1).

En 1853, le nombre des livrets s'est élevé à 145 , le chiffre des dépôts à 49,830 fr. Aujourd'hui, le nombre des livrets est réduit à 134 , et le chiffre des dépôts à 39,191 fr. La cherté des subsistances n'explique que trop cette fâcheuse décroissance.

Un bureau de bienfaisance, ne possédant aucun immeuble et pour tout revenu qu'une modique rente de 120 fr. , avait été fondé en 1834 ; il marchait concurremment avec un bureau de charité, composé de vingt-quatre Dames et presidé par M. le Curé de Flers dont le zèle a tant fait pour soulager toutes ces misères qui, de tous les points de la province, viennent élire domicile à Flers.

Aujourd'hui, la nouvelle administration municipale a eu la bonne pensée de réunir en un seul ces deux bureaux de charité ; leurs ressources étant ainsi centralisées, cette fusion permettra d'apporter plus d'unité

(1) Rapport de M. Marais. *Annuaire normand* de 1852, p. 44.

et plus de régularité dans la distribution des secours (1).

En 1852, M. Marais évaluait, dans son rapport, le
nombre des familles recevant des secours à environ
200 représentant à peu près 700 à 800 pauvres ; M. le
docteur Barbey, lui, en élevait le chiffre à la proportion effrayante comme paupérisme, d'un sur sept.

Pour venir en aide à tant de malheureux, on évalue
les secours du bureau de charité à 5 ou 6,000 fr. par
an, chiffre obtenu par des souscriptions annuelles
qui se sont élevées à près de 20,000 fr. dans les
années calamiteuses de 1847 et de 1854, grâce à des
dons volontaires qui, à Flers, nous sommes heureux
de le dire, ne font jamais défaut.

Une Société de St.-Vincent-de-Paul qui compte
55 membres souscripteurs et 19 visiteurs, a été créée
depuis un an, par les soins de l'excellent curé de Flers;
il ne peut en sortir que du bien et pour les pauvres
et pour ceux qui les visiteront. Est-il rien de plus vrai
que ce mot d'une grande dame à son curé qui, n'ad-

(1) Les secours du bureau de charité sont fournis en alimens,
bois, linge, instrumens de travail, médicamens. Le bureau possède
une lingerie parfaitement approvisionnée qui est confiée aux soins
des religieuses de la Miséricorde.

Rapport de M. Marais. *Annuaire normand* de 1852, p. 39.

mettant pas la nécessité des associations charitables dans sa paroisse, lui disait que tous ses pauvres étaient secourus et qu'ils ne manquaient de rien: « Alors, Monsieur le Curé, si vos pauvres ne manquent de rien, ayez donc pitié de vos riches » (1).

Tout dernièrement, l'administration municipale vient de voter les fonds nécessaires pour les frais d'établissement d'une Société de secours mutuels et les Dames religieuses de l'Éducation chrétienne vont, à leurs frais, bâtir et créer une salle d'asile, qui sera subventionnée par la ville.

La Société de St.-Vincent-de-Paul a fondé un cercle destiné de préférence aux jeunes gens; ils y trouvent une bonne bibliothèque, des journaux, un billard et des jeux de toute espèce. Ce cercle compte déjà 60 souscripteurs, en tête desquels se trouvent les noms des principaux habitans de Flers qui ont tenu à honneur d'en faire partie. C'est ce qui montre une fois de plus de quel bon esprit est animée cette ville.

A la Société de St.-Vincent-de-Paul se rattache la Société de Ste.-Cécile; elle se fait entendre, dans toutes les cérémonies religieuses et civiles et le goût de la musique est déjà assez répandu à Flers, pour qu'elle

(1) Abbé Mullois, *Manuel de charité.*

ait pu atteindre le nombre de 40 souscripteurs (1).

La ville de Flers compte 11 écoles : 3 de garçons et 8 de filles, fréquentées par 543 garçons et 492 filles. Sur ces 1,035 enfans, l'école communale des Frères de St.-Joseph du Mans, à elle seule, renferme 341 garçons, dont 120 sont admis gratuitement. Les Dames de l'Éducation chrétienne ont, en outre, 70 pensionnaires ou demi-pensionnaires et 249 externes, parmi lesquelles 60 reçoivent l'instruction gratuite.

N'oublions pas l'établissement des Sœurs de la Miséricorde, fondé à perpétuité par M. le Curé de Flers. Il renferme 13 Sœurs, exclusivement consacrées à soigner les malades de la commune.

C'est bien peu pour une ville comme Flers, et la mort moissonne vite ces admirables filles. Espérons que plus tard les ressources de la ville de Flers lui permettront de construire un hospice. En attendant l'hospice, puissions-nous voir arriver un de ces jours quelques-unes de ces infatigables *petites sœurs des pauvres*, dont le nom seul est un éloge.

---

(1) A toutes les époques, l'art de la musique a toujours été cultivé en Normandie. Rouen, au moyen-âge, avait aussi sa confrérie de S[te].-Cécile, dont les chefs prenaient le titre de princes. Le jour de la fête de la patronne, la métropole se parait de riches draperies. L'archevêque, le chapitre, les échevins, y assistaient en grande pompe.

APPENDICE.

APPENDICE.

—•◦•—

I.

ÉTAT DES CONSTRUCTIONS DE LA COMMUNE DE FLERS DANS CES DERNIÈRES ANNÉES.

1850. — 41 — terminées dans l'année.
1851. — 33 —   Id.
1852. — 26 —   Id.
1853. — 60 —   Id.
1854. — 99 —   Id.

En construction depuis le 1er. septembre 1854 et qui ne seront ainsi terminées qu'en 1855, on en compte 51.

La moyenne des trois dernières années, y compris 1855, serait donc, pour 1853, 1854 et 1855, de 70.

Plusieurs des maisons construites contiennent trois et même quatre logemens séparés.

(Note communiquée par M. Toussaint, maire de Flers.)

II.

LISTE DES CURÉS DE FLERS , DEPUIS 1470 , A LA DATE OU NOUS AVONS TROUVÉ LEURS NOMS :

1470-1496. Me. LE PAIGE (Contrat de mariage de Guillemette de Grosparmy , *Chartrier du château de Flers*).

1520. PIERRE LETELLIER , chapelain ordinaire du roi François Ier. (Procès avec l'abbaye de Cerisy-Belle-Étoile , *Archives de l'Orne*).

1545-1559. JEHAN LEBEC (Accord avec Philippe de La Grénairie , abbé de Cerisy-Belle-Étoile (*Archives du Calvados*).

1573-1578. JEAN DE BLANVILLAIN (*Archives de l'Orne*).

1602-1618. CHRISTOPHE DE VANEMBRAS ; il appartenait à la famille de ce nom , qui a possédé successivement la Coulonche et Segrie. Voici son épitaphe , telle qu'elle a été relevée dans l'église de St.-Martin-du-Bû :

CY GIST NOBLE ET DISCRÈTE

PERSONNE M^c. CRISTOFLE DE

VANEMBRAS EN SON VIVANT P^BRE.

CVRÉ DE FLERS QVI DÉCÉDA

LE ONZE DOCTOBRE MIL VI

CENS DIX HUICT PRIEZ DIEV

POVR LVY (1).

1618-1658. Noble homme THOMAS ANFRIE, écuyer, sieur de Clermont, bachelier en la Faculté de théologie de Paris. C'est de son père, vicomte de Vire, en 1642, que Sonnet de Courval a dit:

> Il a plaidé trente ans dans le barreau virois,
> Tant qu'un malheur fatal le priva de la voix.

L'abbé de Chaulieu était un des descendans de Thomas Anfrie, vicomte de Vire.

1658-1664. FRANÇOIS DE MALFILASTRE (*Archives de l'Orne*).

1664. JEAN LANGLOIS, par résignation de François de Malfilastre (*Chartrier du château de Flers*).

1666. CHARLES CAILLY (*Archives de l'Orne*).

1671. LOUIS DU SAUCEY (*Ibid.*).

1697-1704. FRANÇOIS DE ROBILLARD (*Arch. de l'Orne*).

1723. GILES LAISNÉ (*Chartrier du château de Flers*).

(1) De Caumont. *Statistique de Falaise*, p. 358.

1756. Robert Quesney , doyen de Condé-sur-Noireau
(*Archives de l'Orne*).

1778. M[e]. Bertrand.

III.

DONATIONS DES DIMES DE FLERS ET CONTESTATIONS A LEUR OCCASION.

En 1276, les religieux de Cerisy-Belle-Étoile cédèrent à Robert de Samoy certaines parties de terre situées au mont Cerisy, qui leur avaient été concédées, en 1215, par André d'Escoville, ainsi que leurs droits sur le moulin banal de la commune de Montségré et en reçurent, en échange, les deux tiers des dîmes des *traits* de Montagnoux et de la Pommeraie (1).

Le P. Dumoustier, dans sa *Neustria pia*, assigne pour date de la fondation de Belle-Étoile l'année 1216.—La donation de 1215 que nous venons de citer et celle du fief de *Cahan* aumônée, en l'année 1200, à Belle-Étoile, font remonter à

(1) Tradidi duas garbas omnium decimarum quas percipiebam. Archives d'Alençon. *Fonds de Cerisy*, liasse 10.

une date beaucoup plus éloignée la fondation de cette importante abbaye. Le fief de Cahan prit, dès cette époque, le nom de fief de Belle-Étoile (Cahan, canton d'Athis, Orne).

Le 13 mars 1463, Nicolas de Grosparmy, seigneur de Flers, abandonna aux religieux de Belle-Étoile la sixième gerbe du trait de la dîme du bourg de Flers, en échange de 7 livres tournois de rente, que les religieux avaient droit de prendre sur les moulins de Flers, par suite de la donation de Foulque d'Aunou, en date de 1251, dont nous avons fait mention (1).

En 1520, un procès s'engagea, au sujet de ces mêmes dîmes, entre le curé de Flers, Pierre Letellier, et les religieux de Cerisy. Par suite d'une transaction, le curé fut mis en possession de la dîme du bourg, à la condition de céder à l'abbaye la tierce gerbe qu'il avait droit de prendre sur le fief de Montagnoux et sur la vavassorie de la Pommeraie dont les religieux prélevaient les deux premières, en vertu de la donation de Nicolas de Grosparmy, que nous avons mentionnée.

En 1620, nouveau procès, non plus pour la possession même des dîmes de Montagnoux, mais pour le prix de leur location. En voici la cause :

En 1589, l'abbaye de Belle-Étoile ayant été cédée par Henri IV au sieur de Crux, baron de Larchamp, celui-ci en avait chassé les moines, s'y était installé avec ses chiens et

(1) Archives d'Alençon. *Fonds de Cerisy*, liasse 10.

ses chevaux et sous le nom d'un prieur de sa façon, nommé Busnel, il avait loué le trait de Montagnoux 178 livres au curé de Flers. Ce dernier entendait, à l'avenir, n'être tenu qu'à payer cette modique somme, mais les religieux rentrèrent dans le droit de louer leurs dîmes et en restèrent paisibles possesseurs jusqu'en 1697, époque où le curé de Flers, François de Robillard, éleva de nouvelles prétentions, qu'un arrêt du Parlement, en date du 14 décembre 1701, confirmatif du jugement de Vire, déclara non-recevables (1).

Enfin, en 1753, Robert Quesney, curé de Flers et doyen de Condé-sur-Noireau, réclama les dîmes novales pour tous les défrichemens considérables qui avaient été faits dans les landes qui avoisinaient le village de la Pommeraie et il gagna son procès contre les moines de Cerisy.

Le prieuré du Plessis-Grimoult aurait eu aussi quelques droits sur certains traits de dîme de Flers. Nous trouvons, en effet, dans le cartulaire conservé aux archives du Calvados, que Henri, qui fut évêque de Bayeux de 1165 à 1205, confirma la donation de la dîme de la Folletière, faite à ce prieuré par Helyas Hairon (2).

(1) Archives d'Alençon. *Fonds de Cerisy.*

(2) Terram illam quam Helyas Hairon dedit eis apud Graville et decimam *de la Folletière apud Flers* et decimam quæ est de feodo Guillelmi de Samai *apud Atheis* (Athis, Orne).

(Archives du Calvados, *Cartulaire du Plessis-Grimoult,* n°. 46).

IV.

Un vieux parchemin dont l'écriture est évidemment du XIIe. siècle, nous donne *les lieux et places* où le baron de Flers avait droit de prendre la sixième gerbe sur la *disme* de Flers. C'est un renseignement curieux pour établir l'ancienneté de plusieurs villages de la paroisse de Flers :

LIEUX ET PLACES OU LE BARON DE FLERS A DROIT DE PRENDRE
LA SIXIÈME GERBE SUR LA DISME DE FLERS.

Et premièrement :

sur la Fornière (Fournière).
   le Clos Marion.
   la Blanchardière.
   les Meserets.
   la Durandière.
   la Giroudière,
   la Brisolière,
   la Brebionière ,
   la Fouquère ,
   les Blés Jean Ourson ,
   la Pilonière ,
   la Beguynière ,

sur la Bremaison ,
   Louvigny ,
   la Haulte-Voye ,
   la Calletière ,
   la Roucelière ,
   la Bissonière ,
   le Hazé ,
   les Parcs ,
   la Petitière ,
   le Bisson ès Grans ,
   la Pommerée (1).

(1) Archives d'Alençon. *Fonds de Cerisy.*

14

V.

Charte par laquelle Henri II confirme diverses donations faites à l'abbaye du Bec, et du nombre, celles de Foulque d'Aunou et de sa sœur Albrède :

« Ex dono Fulconis de Aneto (*lisez* de Alneto ; Aunou-le-Foulcon, canton d'Argentan), et hominum suorum, manerium de Mesnillo-Simonis (le Mesnil-Simon) cum ecclesia et omnibus ecclesiæ et manerii pertinentiis ; ex dono Albredæ, sororis ejusdem Fulconis, assensu et voluntate ipsius, terram Groselers (St.-Georges-des-Groseillers), quæ est juxta Landam (la Lande-Patri) sita cum omnibus pertinentiis suis (1). »

VI.

Donation, par Foulque d'Aunou, au prieuré du Plessis-Grimoult des dîmes de la Folletière et du Buisson-Corbin :

« Fulco de Alnoto omnibus fidelibus ecclesie et amicis et hominibus suis tam presentibus quam futuris salutem : Omni-

(1) A. Le Prevost, *Notes sur les communes de l'Eure* (Extrait du *Monast. anglic.* 1830. French Monasteries).

bus notum fieri volo quod ego concessi ecclesie sancti Stephani de Plaiseiz decimam quam Osmundus, sacerdos de Flers , tenebat de Roberto , filio Petri ; de qua duodecim nummos per singulos annos reddebat et duas garbas de la Foletère (la Folletière) et Brunfay , et de Boisum Corbelin (Buisson-Corbin) , et duas garbas de feodo de Willelmi de Fai ; et sciatis quod ego in perpetuam elemosinam libere et quiete concessi , sicut predictus Robertus et pater meus coram me concesserunt. Testibus Roberto de Alnoto , Gauth. de Brevaus , Rich. de Sancta Maria , et Renulfo d'Aubuçon , et Gaut. de Bernai , et Alexandr. de Catevilla , et Sym. fil. Aeliz , et Silvestro suo filio et aliis (1). »

VII.

Charte dans laquelle il est fait mention d'Agathe , fille de Payen et femme de Foulque d'Aunou , seigneur de Flers, en 1180 :

« Notum sit tam præsentibus quam futuris quod ego Fulco de Alnoio et Agatha , uxor mea , dedimus in perpetuam elemosinam ecclesiæ Sancte Marie de Goffer ecclesiam Sancte Marie de Repos (commune de Medavi , arrondissement d'Argentan) cum suis pertinentiis et ccxx acras terre in eadem parochia , et vineam nostram de Freernay (Sarthe) post mor-

(1) Cartulaire du Plessis-Grimoult. *Archives du Calvados.*

tem matris uxoris mee. Concessi etiam terras illas quas homines nostri dederunt prefate ecclesie in parochia Sancte Eugenie (paroisse réunie à Aubri-en-Exmes) et terram que dicitur Mala Cultera quam Paganus, pater uxoris mee, eidem ecclesie dederat. Dedimus etiam decimam molendini de Alnoio, assensu patris et matris mee et Hugonis, fratris mei, piscaria quoque ejusdem molendini post obitum patris mei et xx solidos andegavenses monete apud Calvum Montem (sans doute Chaumont près Gacé). Testes sunt hujus donationis Rogerius capellanus, Guillélmus clericus, Hugo de Nonantel, Giraldus de Fontibus, Matheus de Bordeaux (Bordeaux, commune de Sai) (1) »

<hr>

VIII.

Titre qui établit comme quoi Jehan de Grosparmy était seigneur de Flers en 1404 (2).

« A tous ceulx qui ces lettres verront ou orront Giles Carbonnel, chevalier, seigneur de Chasseguey, garde des sceaux des obligations de Vire, etc. Savoir faisons que, pardevant Jehan Hélie et Thomas Forget, clercs tabellions pour le Roy nostre sire en la sergenterie de Vassy, au siége de Flers, fut présent en sa personne Raoul Du-Hazé, de la paroisse de Flers, lequel bailla, quietta et délessa par forme d'eschange à noble homme Jehan Grosparmy, seigneur et baron de Flers, une

(1) Archives de l'Orne, *Fonds de Silli*, n°. 281.
(2) *Chartrier du château de Flers.*

pièce de terre nommée le Clos Lucas joingnant d'un côsté au baron de Flers et à Mᵉ. Guillaume Du-Hazé , prestre , et ses frères et à la rue de Gasprée , et en récompense le dit baron bailla une pièce de terre nommée le Clos du Four , et fut fait le penultième jour de juing l'an mil cinq cens et cinq (1). »

IX.

Bail fait , en 1515 , par Nicolas de Grosparmy , seigneur et baron de Flers :

« Pardevant Jehan Binot et Jehan Guillaud, tabellions à Messei , noble homme Nicolas de Grosparmy , seigneur et baron de Flers , baille en fief à Marin Leblanc une demye bourgoysie sise au dit lieu de Flers , tant en maison , jardin, que terre , contenant demye vergée (environ 20 perches), pour une rente de cinquante sols de rente seigneuriale en outre et par-dessus toutes les autres rentes que la dite demye bourgoysie est entièrement et généralement subjette de faire par chacun an et come font les autres bourgoysies du dit lieu de Flers et selon les adveux , et aura par ce moyen les libertés appartenantes à la dite demye bourgoysie come les aultres bourgoysies (2). »

(1) *Chartrier du château de Flers.*

(2) *Ibid.*

X.

Commission donnée par François Ier. à Richard de Pellevé de lever mille hommes de pied :

« François, par la grâce de Dieu roy de France, à notre amé et féal S^r. de Trassy salut. Comme pour la conservation, deffense et seureté de noz royaulme, pais, terres, seigneuries et subjetz, nous avons présentement délibéré et ordonné dresser, lever et mectre sus, par chacune des provinces de notre dict royaulme une force de gens de pied jusques au nombre de sept légions, chacune desquelles sept légions sera de six mil hommes ayant six cappitaines ayant chascun la charge et conduicte de mil hommes, selon et ainsi qu'il est plus à plain contenu et déclaré ès ordonnances par nous faictes sur le faict des dictes légions ; savoir vous faisons que nous confiant à plain de vos sens, suffisance, vertu, noblesse, expérience, au faict des armes, loyaulté, prudhommie et bonne diligence, nous avons faict et estably, faisons et establissons cappitaine de mil hommes de pied du nombre de la légion des gouvernement et province de Normandie, pour les lever et mectre sus en iceulx province et gouvernement ; savoir est : au baillage de Constantin et par toutes les vicomtez et ellections du dict baillage ; le tout selon et en suivant nos ordonnances, dont le double a esté mis en vos mains pour en entendre le contenu. Desquels mil hommes de pied nous vous avons baillé et baillons, par ces présentes, la charge et conduicte pour icelle avoir, tenir et exercer doresnavant aux honneurs, auctoritez, prérogatives, prééminence et franchises et libertez, gaiges, souldes et estatz, profflictz et esmolumens, tels que par icelles nos ordonnances sont ordonnez et assignez à chascun des ditz cappitaines, tant qu'il nous playra, et donnons en mandement, par ces mesmes présentes, à nos amez et féaulx les mareschaulx de France que prins et receu de vous le serment sur ce requis et accoustumé ilz vous mectent et instituent, ou facent mectre et instituer de par nous en possession et saisine de la dicte charge et conduicte et d'icelles ensemble des honneurs, auctoritez, prérogatives, prééminences, franchises, libertez, gaiges, souldes, estatz, droiz, proffictz et esmolumens dessus dictz, vous facent, souffrent et laissent joyr et user plainement et paisiblement et à vous obeyr et entendre de tous ceulx qu'il appartiendra ès choses touchant et concernant la dicte charge et conduicte; car tel est nostre plaisir. Donné à Fontainebleau, le xxve. jour de aoust, l'an de grâce mil cinq cens trente-quatre et de nostre règne le vingtiesme (1).

Par le Roy,

BRETON. »

XI.

Commission donnée par le seigneur de Bryon à Richard de Pellevé :

« Le Seigneur de Bryon, admiral de France, Bretaigne et Guyenne et lieutenant-général pour Monseigneur le Daulphin en Normandie. Nous avons permis et donné congé au sieur de

(1) *Chartrier du château de Flers.*

Tracy de pouvoir équipper et armer bien et deument jusques au nombre de troys navires du port ensemble de quatre centz tonneaux ou environ l'un portant l'autre, pour iceulx mener et faire conduire la guerre sur les subgects de l'Empereur à la charge touteffoys que luy et les cappitaines des dicts navires entretiendront les ordonnances, et de ce bailleront caution souffisante avant leur partement, aussi qu'ils ne feront chose dommaigeable aux amys et alliez du Roy ; et mandons à nos officiers du lieu où partiront les dicts navires les laisser aller sans empeschement ayant receu icelle caution. Donné sous nostre seing et scéel d'armes le xe. j^r de may, l'an mil cinq cens trente sept. BRYON (1). »

———

XII.

1562.

Rôle de cent trente-troys hommes de guerre françois, harquebuziers, sous la charge et conduicte de Jehan de Pellevé, S^r. de Tracy (frère de Henri de Pellevé) (2) :

Monstre ou reveue faicte à Caen par nous Guillaume Anzeray et Antoine de Sailly soubzsignés, commissaires et contrôleurs extraordinaires des guerres, à ce que dessus ordonnés et commis par mon dict seigneur ledict gouverneur, lieutenant-général, et en nos présences particulièrement payez les ditz

(1) *Chartrier du château de Flers.*

(2) *Ibid.*

par Me. François Blanchisson, à ce aussy commys et ordonné par mon dict seigneur du Buisson pour, en l'absence de Me. Guillaume Brochet, consei'ler du dict seigneur Roy et thrésorier extraordinaire des guerres pour huict jours commençant le quatorzième jour du présent mois d'aoust et finissant ledict ensuyvant vingt et ung^eme., desquels gens de guerre les noms ensuyvent :

Jehan de Pellevey, capitaine, xxiv l. t.

Richard de Pellevey, lieutenant, xvi l. x s.

Pierre de Héricy, cornette, vi l. x s.

Guillaume Cadier, mareschal de logis, iiii l. x s.

Guillemine Anzeray, iiii l. t.

Pierre Poterin, iii l. t.

Robert de Vaucelles, id.

Geffroy de Malfilastre, id.

Jacques Cornet, id.

Raoul Le Maistre, id.

Giles Anseray, id.

Henry de Bures, id.

Gilles de Cuves, id.

Jehan Fortin, id.

Charles de Trousseauville, id.

Jacques de Gernay, iii l. t.

Jehan Gosseaulme, id.

Grégoire Poterin, id.

Thommas de Hotot, id.

Michel Lemarchand, id.

Nicolas de Beaurepaire, id.

Remy Gaultier, id.

Nicolas Pousel, id.

Jehan de Haussey, id.

Loys Senot, id.

Marin Lemoenne, id.

Jacques Regnault, id.

Laurent Dubourg, id.

Marin de Saint-Gille, id.

Guillaume de Saincte-Marie, iii l. t.

Jehan Le Sens, id.

Thommas de Harcort, id.

Jacques Le Boucher, id.

Jacques Havenc, III l. t.

Claude Le Bourgoys , id.

Philippe Dupont , id.

Pierre Guerard , id.

Jehan Le Maistre , id.

Maret Davrigny , id.

Jehan Bernard , id.

Estienne Jodon , id.

Jehan Fermelhuys, id.

Francoys de Foulongue , id.

Jehan Augier, id.

Claude Gentil , id.

Pierres Picquot , id.

Robert Leslais , id.

Giles de Troiz-Montz , id.

Pierre de Troiz-Montz, id.

Raphaël Porcher , id.

Jehan Lemarchand, id.

Francoys de Cuves , id.

Pierres de La Court , id.

Ollyvier Lescalle , id.

Marin Jouvin, id.

Charles Carrel , id.

Jehan Esnault , id.

Pierres Hervieu , id.

Jehan de Rouldes, id.

Nicolas de Laulnay , id.

Pierres Nicolle , III l. t.

Marin de Noyon , id.

Giles Dienavaut , id.

Jacques Bourdon ; id.

Michel Dumont , id.

Jehan Le Venier , id.

Martin de Hais , id.

Giles de Croisilles, id.

Jehan Hue, id.

Jehan Guerard , id.

Guillaume Venard , id.

Raoul Vernon, id.

Guillemine Roger , id.

René , id.

Jehan La Paiche , id.

Lambert Pigny , id.

Claude Lyvet, id.

Mathieu de Costentin , id.

Robert Féru , id.

Remon Le Moigne , id.

Gratien de Beaurepaire, id.

Marc Colleville , id.

Abel Billeheul , id.

Nicolas Havard, id.

Jehan le Taier , id.

Francoys Couton, id.

Marguerin Derval, iii l. t.
Jehan de La Haye, id.
De St.-Martin, id.
Jehan Borel, id.
Guillaume de Cramesnil, id.
Jehan Chesnel, id.
S. Vaultier, id.
Henry Juhel, id.
Jehan Bovet, id.
Léonard Courteilles, id.
Jehan Danne, id.
Michel Danfon, id.
Jacques Le Quene, id.
Philippes Philippes, id.
Thomas Prodhomme, id.
Jacques Vertu, id.
Martin Mabire, id.
Jacques Noel, id.
Clément Dubrieu, id.
Pierre Martin, id.
Jehan Hamelin, id.
Jehan de Houllefort, id.
Jacques Destafort, id.
Pierre de La Mare, id.

Guillemine Couhart, iii l. t.
Jehan Vaudelet, id.
Thommas Haillet, id.
Jehan Louvet, id.
Guillaume Le Chevalier, id.
Guillemine Bonnyer, id.
Jacques Chrestien, id.
Thommas Lamy, id.
Adrien Serf, id.
Jehan de Rousseray, id.
Jehan Adam, id.
Romain Heuldes, id.
Le chirurgien, id.
Le trompette, id.
Le mareschal, id.
A Jehan Legoix, id.
A Giles de Bures, id.
A René Le Teissier, id.
A Nicolas Le Coussignen, id.
A Jehan Le Bugle, id.
A Robert de Saint-Paul, id.
A Bertrand Bernard, id.
A Ambroise Percherin, id.

XIII.

Lettre de Charles IX au maréchal de Cossé, chargé de porter le collier de l'Ordre à Henri de Pellevé :

« Mon Cousin, pour plusieurs bonnes et grandes considérations, Henry de Pelevé, s'. et baron de Flers, a esté choisy et esleu en l'assemblée des chevaliers de mon ordre estant près de moy, pour entrer et estre associé en la dicte compaignie. Ayant advisé que le meilleur estoit luy faire bailler le collier par vous, j'en ay faict dresser le pouvoir que je vous envoye avec ung mémoire de la forme que vous aurez à y tenir, vous priant à ceste cause, mon Cousin, lui faire tenir la lettre que je lui escriptz la part qu'il sera, et s'il a ceste élection agréable, comme je m'en asseure, faictes-lui scavoir le lieu auquel il se trouvera pour lui offrir et, suivant le dict mémoire, lui bailler le collier du dict ordre que je vous envoye par ce porteur, avec les cérémonies accoustumées, à plein y declarées, retirant de luy ung acte de son acceptation pour après l'envoyer au chancelier du dict ordre, et vous me ferez service bien agréable, priant Dieu, mon Cousin, vous avoir en sa garde. Escript à St.-Maur des Fossés, du xı^e jour de septembre 1568. CHARLES (1). »

(1) *Chartrier du château de Flers.*

XIV.

Lettres inédites de Henri IV à Henri de Pellevé :

« Monsieur de Flair,

Je vous prye, incontinent la présente receue, au plus tot que faire se pourra, vous achemyner et venir me trouver en ce lieu avec vos troupes, conduysant lesquelles vous ferez prendre garde qu'elles n'entrepraignent rien sur les villes d'aultant que nostre intention est de ne rompre la trève de nostre part ; les faisant au surplus vivre et mener doulcement à la moindre charge et foulle du peuple que faire se pourra. N'estant ceste cy à aultre fin, je priray le Créateur, Monsieur de Flair, vous avoir en sa sainte garde. Alençon, le x février.

Vostre bien bon amy,

HENRY (1). »

En voici une seconde du XIII février 1576 :

« *J'escriptz à plusieurs gentilzhommes et les prye, suivant la bonne volonté qu'ilz ont, de me venir trouver et se rendre vers vous au plus tost que faire se pourra pour les amener et conduire la part que je serai, comme je vous*

____

(1) *Chartrier du château de Flers.*

*en prie très-affectueusement, au meilleur nombre et le
plus diligemment qu'il vous sera possible, vous attendant
touz en bonne volonté, je finirai ceste-cy par la prière que
je fays au Créateur vous donner, Monsieur le Baron, ses
sainctes grâces* (1).

De Beaumont, ce XIII⁰ jour de février 1576,

Vostre bien bon amy,

HENRY. »

Celle-ci est datée de Thouars :

« *Monsieur le Baron,*

*J'ay entendu que le S*ᵣ*. de Maisons, l'ung de vostre
compaignie, a prins quelques papiers et entre aultres,
le sac d'ung procès qui est à l'assesseur de Chinon, qui
demeurant entre ses mains ne lui seauroit de rien servir
et n'est de telle conséquence que le dit assesseur ne s'en
peust bien passer ; mais d'aultant qu'il est serviteur de
personnages qui ne sont de ceulx à qui nous faisons la
guerre, je vous prye, Monsieur le Baron, me renvoyer le
sac et le faire mettre en mes mains, pour sur ce ordonner
ce que je verray estre raisonnable. A tant je pryeray
Dieu, Monsieur le Baron, de vous avoir en sa très saincte
et digne garde.*

A Thouars, le XII⁰ jour d'avril 1576. »

Et de sa main : « *Ne faites faute de m'envoyer l'homme
qui a prins le sac.*

Vostre bien bon amy,

HENRY (2). »

(1) *Chartrier du château de Flers.*
(2) *Ibid.*

Enfin, en voici une dernière :

« *Monsieur le Baron,*

Je vous prye, incontinent la présente receue, ne faire faulte d'amener et de faire conduire Monsieur le baron de Lagarde, et n'estant cette présente à aultre fin, je pryeray Dieu vous avoir en sa saincte et digne garde.

Fait à Saumur, le xxviiie jour d'avril 1576. »

Et de sa main : « *Si vous ne pouvez aujourd'hui, il suffira demain matin.*

Vostre bien bon amy,

Henry (2). »

———

XV.

Lettre de Henri III à Henri de Pellevé :

« *Monsieur de Flers,*

J'ay receu vostre lettre et suys bien aise d'entendre par icelle que vous ayez presté main forte à ma justice, suivant ce qui vous avoit esté escript par mon beau-frère, le duc de Joyeuse, pour la poursuite et pugnicion d'un nommé le Capp^e. Loraille, dict Plomières, de telle sorte

(1) *Chartrier du château de Flers.*

qu'il s'est ensuivy jugement et condampnation contre luy de plusieurs voleries et mauvais actes prétenduz par luy commis, et quant à ce que vous avez esté requis par plusieurs officiers et subjetz de leur prêter main forte, pour faire cesser les violences que continue d'exercer le dict Plomières qui n'a esté condampné que par contumace et semblablement plusieurs de ses adhérens : ce que vous n'avez touttefoys voullu faire, sans avoir sur ce receu mon commandement ; je vous diray que, pourveu qu'il soyt question d'ayder mes officiers en l'exécution des décretz de justice qui auront esté ordonnés, je trouveray fort bon que vous vous y employez et leur assistez pour la pugnicion du dict de Plomières et ses complices et à ce qu'elle se puisse ensuivre telle qu'il appartient pour la conservation des bons qui est tout ce que je puys respondre à l'endroict où je supplie le Créateur, Monsieur de Flers, qu'il vous ayt en sa saincte garde.

Escript à Paris, le XXIIe jour de décembre 1586 (1).

HENRY. »

XVI.

Voici une lettre de Henri III à Henri de Pellevé, qui prouve le cas que ce prince faisait de Nicolas de Pellevé ; elle est du 3 octobre 1585 :

(1) *Chartrier du château de Flers.*

« *Monsieur le Baron de Flers,*

Pour ce que j'ay cognoissance de la valeur et affec-tion à mon service du sieur de Trussy, votre fils, et que j'espère que à l'occasion il le fera paroistre de plus en plus luy ayant fait cest honneur de m'en servir en l'estat de gen-tilhomme ordinaire de ma chambre. Maintenant que son quartier est expiré, j'ay pensé qu'en meilleur endroict il ne pourroit emploier le surplus du temps qu'en me faisant service auprès de Monseigneur le duc d'Espernon, lequel j'envoye avec grande et honorable charge en mon pays de Daulphiné et ay commandé à vostre fils de se rendre au plus tost ès quartiers de delà; mais d'aultant qu'il m'a faict entendre avoyr désir de vous aller trouver et voyr en pas-sant, ainsy que le debvoir l'oblige, je luy ay accordé à la charge que ce séjour ne soyt pas long. Ains qu'inconti-nent il s'achemine en son voyaige. De quoy je vous ay bien voullu advertir et du contentement que j'ay de luy, pryant Dieu, Monsieur le Baron de Flers, qu'il vous ayt en sa saincte et digne garde (1).

Ce faict à Paris, le iiie jour d'octobre 1585.

Henry. »

(1) *Chartrier du château de Flers.*

15

XVII.

Lettre de François de Bourbon à Henri de Pellevé. Elle est datée de Tours, le xi mars 1589 :

« *Monsieur le Baron, d'aultant que je suis sur le point de m'acheminer en mon gouvernement, pour assembler ceulx de la noblesse et des villes qui se sont conservés en l'obéissance du Roy Monseigneur, affin de nous opposer par ensemble aux pernicieux desseings de ses subjets rebelles, j'ay advisé estre cependant nécessaire advertir nos amys pour se préparer à me venir trouver lorsque je seray en mon dict gouvernement et parceque je vous tiens de ce nombre et des premiers, je vous ay bien voulu escripre la présente pour vous prier me faire ce plaisir de vous tenir prest à cet effect et ce que vous pourrez assembler des vostres, avec assurance que nous y ferons de compagnie quelque bon et signallé service à sa Majesté auquel je scay vous estre si affectionné, oultre qu'il est question du salut et conservation de nostre patrie que cela me gardera de vous y convier de davantage. Je prye Dieu vous donner, Monsieur le Baron, ce que plus désirez* (1).

Tours, ce xie jour de mars 1589.

Vostre plus affectionné et meilleur amy,

FRANÇOIS DE BOURBON. »

---

(1) *Chartrier du château de Flers.*

XVIII.

Lettre de François de Bourbon à Henri de Pellevé, au sujet de la conservation des châteaux de Messei, de Thury et de Harcourt :

« *Monsieur le Baron ,*

J'ai congneu vostre bonne volonté au service de sa Majesté, par celle que m'avez escripte, de laquelle je m'estois toujours asseuré et parceque je scay que vous avez parfaicte créance dans le pays, je vous avoys prié par ma dernière d'amasser le plus de vos amys que vous pourriez, ce que je vous prie de faire. Le porteur m'a faict entendre la peyne que vous avez prise à la conservation des chasteaulx de Messey, de Thoury et Condé, desquelz dépend la liberté du pays ; vous continuerez, et pour pourvoyr à la nourriture et entretenement des soldatz qui seront nécessaires pour la garde d'iceulx et vous donner prompt moyen de ce faire sans la foulle du peuple, je vous envoye une ordonnance portant permission de courre sus aux habitans des villes rebelles et mettre les bleds et vins que vous trouveriez leur appartenir dedans les ditz chasteaulx qui serviront pour la nourriture et entretenement. En attendant que je soys en la ville de Caen pour avoir plus de moyen y donner ordre et n'estant la pré-.

sente à aultre effet, je prye Dieu vous donner, Monsieur
le Baron, ce que plus désirez (1).

Alençon, le xxx mars 1589.

Vostre plus affectionné meilleur amy,

FRANÇOIS DE BOURBON. »

XIX.

Correspondance inédite du Duc de Montpensier et de Jean
de Pellevé, fils cadet de Henri de Pellevé, baron de Flers :

« Monsieur de Tracy,

Je me promets que, suyvant ce que je vous ay ces jours
passés mandé par le S'. de La Faultrière, et ce qu'il vous
aura dict de ma part, que vous serez préparé pour me venir
trouver à l'effect que je vous mandoys ; mais sur ce que j'ay
esté adverty qu'il se présente une occasion de faire un bon et
signalé service au Roy Monseigneur par delà, je vous ay bien
voulu faire ce mot pour vous prier de toute mon affection
vous employer, premier que vous acheminiez vers moy avec
les aultres gentilzhommes de vos quartiers qui sont serviteurs de Sa Majesté, auxquelz je fais pareillement despesche

(1) *Chartrier du château de Flers.*

par ce porteur qui vous dira sur ce plus particulièrement mon intention ; de quoy je vous prye de le croyre.

Que Nostre Seigneur vous donne, Monsieur de Tracy, ce que plus désirez.

Alençon , le premier mars 1589.

Vostre entièrement et meilleur amy,

FRANÇOIS DE BOURBON (1). »

Cette seconde lettre est datée d'Alençon, le xxiiie jour de mars. Le Duc prie Jean de Pellevé de venir le trouver et d'amener avec lui le sieur de Sourdeval :

« Monsieur de Tracy,

Vous verrez, par la lettre que le Roy Monseigneur vous escript que je vous envoye, comme suivant son commandement je me suis acheminé en ceste province pour donner ordre aux troubles qui y sont subvenuz par les pratiques et menées de ses ennemys et subjets rebelles, afin d'y assembler la noblesse pour empescher leurs entreprises et prétentions et garder d'oppression ses bons et fidèles subjets ; vous ayant bien adverty de mon arrivée en ce lieu ce jourd'hui , affin de me venir trouver avec le S[r]. de Sourdeval tous deux de compagnye en ce lieu ou là que je pourray estre avecques armes et chevaulx pour m'assister en une bonne et saincte entreprise où il va de la conservation de cest estat et couronne et , par conséquent, de l'importance et dignitez de la noblesse de France , me tenant certain que , en sy bonne et importante

(1) *Chartrier du château de Flers.*

occasion, ne voudrez manquer de fidelité et debvoir au service de Sa Majesté; et sur ce prie Dieu vous donner, Monsieur le Baron, ce que vous désirez.

Alençon, le XXIIIe jour de mars 1589.

FRANÇOIS DE BOURBON. »

Celle-ci encore est datée d'Alençon et du même jour; le duc prie Jean de Pellevé d'amasser le plus de monde qu'il pourra :

« Monsieur de Tracy,

Le S[r]. de La Fautrière estant en court a esté chargé d'une lettre du Roy Monseigneur pour vous faire tenir de sa part, aux fins que verrez par icelle, que j'ai voulu acccompagner de la présente pour vous prier de me faire ce bien d'amasser le plus de vos amys que vous pourrez pour me venir trouver, affin de fere en ceste province le service à Sa Majesté que vous pouvez juger l'estat des affaires le requérir; il y va de la conservation du pays et de vous d'empescher les desseins des ennemys de Sa Majesté, *qui ne tendent à aultre but qu'à réduyre cest estat qu'en une confusion populaire et d'effacer les prérogatives et dignitez de tous les nobles de ce royaulme...* Si je recoy cette faveur de vous, comme le me promets, je la tiendrai à une obligation pour m'en ressentir tant en ce qui dépendra de moy qu'à l'endroict du Roy Monseigneur, pour vous en fere tous les bons offices que le pourray, n'estant ceste présente à aultre effect. Je vais prier Dieu vous donner, Monsieur de Tracy, ce que vous désirez.

A Alençon, le XXIIIIe jour de mars 1589.

Vostre entièrement bon amy,

FRANÇOIS DE BOURBON. »

Dans cette quatrième lettre, il lui demande s'il a des gens de pied prets à marcher. Elle est du XXIX mars (A cette date, le Duc n'avait pas quitté Alençon) :

« Monsieur de Tracy,

J'ai receu vostre lettre avec beaucoup de contentement. Je me suis toujours représenté l'affection de laquelle vous vous estes conduict au service de Sa Majesté. Je vous prye d'y continuer. Je vous avois escript le commandement que j'avois receu d'elle d'amasser ceulx de la noblesse de ceste province pour, avec leur assistance, résister aux entreprises de ses ennemys et y mettre le repos et tranquilité que je désire. Si vous avez quelques hommes de pied pretz, mandez-le moy, affin que je le puisse faire entendre à Sa Majesté pour vous faire accorder la mesme grâce et comodité qu'elle a départie à tous les autres; à quoy je m'emploierai de très-bon cœur, comme pour celuy que j'ay toujours congneu fort zellé à son service. Incontinent que je seray à Caen, je vous manderay de mes nouvelles. Ce pendant je vays pryer Dieu qu'il vous donne, Monsieur de Tracy, ce que plus désirez.
D'Allençon, le XXIXe jour de mars 1589.

Vostre entièrement meilleur amy,

FRANÇOIS DE BOURBON. »

Le 8 avril, il lui écrit de Caen pour lui annoncer la victoire qu'il vient de remporter sur ceux de Falaise :

« Monsieur de Tracy,

J'ay esté bien aise d'entendre les forces qu'avez déjà assemblées, lesquelles je désire que faciez acheminer le plus

tost que vous pourrez de pardevant vous, les tenant serrées
et en bonne garde de peur de surprise. Car encores que j'aye
à mon arrivée en ce pais estonné les ennemys, *ayant battu
ceux de Falaise, pris de leurs chefs et la plupart du reste
taillé en pièces;* il y auroit danger que les autres voulant
avoir leur revenche, ne vous surprissent. Au reste, j'ay faict
une depesche à Sa Majesté afin de vous faire recevoir le
traitement semblable aux autres dont je vous ay escript,
devant en espérer avoir response qui vous contentera. Cependant je vous prye rendre vos trouppes les plus fortes que vous
pourrez et quand vous serez de par deçà, j'adviseray s'il y
aura moyen d'adjouster encores quelques compagnies à vostre
régiment, lequel vous ferez vivre en toute modestie et à la
moindre foulle et oppression du peuple qu'il vous sera possible. Car c'est l'intention du Roy Monseigneur et la myenne
laquelle m'assurant que vous effectuerez, ne vous feray ceste
plus longue que pour pryer Dieu vous donner, Monsieur de
Tracy, ce que plus désirez. A Caen, ce viie avril 1589.

Vostre entièrement bon amy,

François de Bourbon. »

Cette dernière lettre est datée de Caen, le xxviii avril
1589 :

« Monsieur de Tracy, j'ai advisé vous fere ce mot affin que,
suyvant la promesse que vous me feistes dernièrement, vous
aiez à préparer vos compaignies et icelles rendre les plus belles
et mieulx complettes qu'il vous sera possible, d'aultant qu'il
s'offre une occasion pour le service du Roy Monseigneur à les
emploier en bref en choses très-importantes. Advisez donc
d'y donner ordre et faire en sorte qu'à première occasion

quelque entreprise que soyt ne demeure sans effect , si vous désirez faire chose qui me soyt fort agréable et vostre debvoir au service de Sa Majesté. Sur ce , n'estant la présente a aultre fin , je vays prier Dieu vous donner, Monsieur de Tracy, ce que plus désirez. A Caen, ce xxviiie jour d'avril 1589.

Vostre meilleur amy ,

FRANÇOIS DE BOURBON. »

———

XX.

Nouvelle correspondance du duc de Montpensier avec Henri de Pellevé , à partir du 21 octobre 1589 (1).

« Monsieur de Flers , vous voirez par la lettre que le Roy Monseigneur vous escript par ce porteur come Sa Majesté me dépêche dans peu de jours de par de là avec forces suffisantes pour m'opposer aux desseings et entreprises que y font ses ennemys rebelles , et comme Sa Majesté désire que me veniez trouver à Caen lorsque je y serai arrivé avec le meilleur nombre de vos amys que vous pourrez pour m'assister et nettoyer le pays et le remettre en l'obéissance de Sa Majesté , ce que je vous prie bien fort vouloir faire selon l'affection que vous avez tousjours faict paroistre avoyr au service de Sa Majesté , avec assurance

———

(1) *Chartrier du château de Flers.*

que je vous y voiray volontiers et d'aussi bon cœur que je prie en cest endroict nostre Seigneur vous donner, Monsieur de Flers, ce que plus désirez. Du camp de Dieppe, ce XXIe jour d'octobre 1589.

Vostre entièrement meilleur amy ;

FRANÇOIS DE BOURBON. »

Le 3 novembre suivant, le Duc lui écrit de Caen :

« *Monsieur de Flers, incontinent que je suis arrivé en ceste ville, en laquelle j'ay trouvé, ce me semble, les habitans très-affectionnez au service du Roy Monseigneur ; je vous en ay bien voulu donner advis et come Sa Majesté a trouvé bon me renvoyer en ce pays pour donner ordre et m'opposer aux ravages et pilleries de ses ennemys rebelles, à quoy je ne veux estre oisif, et désirant estre assisté de vous en une si bonne et si louable occasion pour vous avoir toujours congneu très-affectionné au service du Roy, je vous prie bien fort d'assembler vos amys le plus promptement qu'il vous sera possible et les tenir pretz pour, au premier advis que je vous donnerai, me venir là part que je serai afin que nous puissions ensemble faire chose agréable à Sa Majesté et telle que je scay de vostre part que vous désirez estre effectuée pour le bien et repos de ce dit pais. Sur ce, m'assurant que nous nous verrons en brief, je vais prier Dieu vous donner, Monsieur de Flers, ce que plus désirez.*

A Caen, le IIIe jour de novembre 1589.

Vostre entièrement meilleur amy,

FRANÇOIS DE BOURBON. »

Le 9 du même mois, il lui écrit encore de Caen pour l'engager à se trouver à Aunay :

« Monsieur de Flers, je veulx croire que suivant ce que je vous ay ces jours escript d'assembler le plus de vos amis qu'il vous seroit possible pour me venir trouver au premier advis que je vous en donnerois que vous y aurez donné ordre. C'est pourquoi ayant une entreprise à exécuter laquelle je remetz à vous dire quand je vous verrai, je vous fais ce mot de lettre pour vous prier de vous trouver dymanche prochain avec le plus de vos amis que vous pourrez à Aulnay ou ès environs et envoyer ledit jour à Evrecy où je ferai trouver un de mes mareschaulx de camp pour vous faire entendre de ma part ce que vous aurez à faire. M'assurant que me voudrez bien satisfaire en cela qui est pour le service du Roy Monseigneur, n'estant la présente à aultre effect, la finirai priant Dieu qu'il vous donne, Monsieur de Flers, ce que plus désirez.

De Caen, ce IX novembre 1589.

Vostre entièrement meilleur amy,

FRANÇOIS DE BOURBON. »

XXI.

Don du prieuré de la Lande-Patri, fait par Henri IV à Henri de Pellevé, en 1589. On y remarquera que *Henri IV non encore converti lui imposait pour condition de faire célébrer le service divin :*

« Aujourd'hui xiii décembre mil v⁰iiii×× et neuf, le Roy estant à Laval, désirant gratifier le S' baron de Flers, chevalier de son ordre, en faveur des bons services qu'il faict à Sa Majesté, en son pays de Normandye, lui a accordé et faict don de tous les meubles et revenus des immeubles de Filibert Gobelin des fauxbourgs St.-Marceau en Paris, parroisse St.-Ypolite, tenant le party des ennemys rebelles de Sa Majesté, ensemble de tous les deniers que luy peuvent estre deubz, comme aussy luy a faict don des fruictz et revenus de la Lande-Patry, et dépendances d'icelluy acquis à Sa Majesté par la rebellion du titulaire d'icelluy, pour joir des ditz meubles, fruictz des immeubles et revenu du dict prieuré à la charge de le faire desservir par personne capable, *y faire célébrer et entretenir le service divin ordinaire et accous'umé*, payer et acquitter toutes les charges d'icelluy, entretenir les bastimens et édifices en bon estat et les héritages en valeur ainsy que bon administrateur doibt et est tenu de faire attendant que Sa Majesté ayt recongneu de quoy elle se debvra prévaloir pour ses affaires, suyvant le réglement sur ce faict; mandons, commandons luy expédier toutes les provisions nécessaires; le présent brevet signé de sa main propre et faict contresigner par moy, son conseiller et son secrétaire d'Estat (1).

HENRY. »

(1) *Chartrier du château de Flers.*

XXII.

Lettre de Loys de Rohan à son gendre, Nicolas de Pellevé :

« Monsieur le Comte,

Dieu mercy, ma fame ce porte mieulx qu'elle n'a fait, estant par la grâce de Dieu presque toute garye : mais elle alla prendre une colère auparavant qu'elle eust reprins ces forcés qui lui donna la fiebre laquelle, Dieu mercy, la lessa hier.... Quant à la dame dont m'escrivez, elle a ung mary que je recognois de longtemps pour n'estre guère saige et sa fame assez aupiniastre. Monsieur de Neubourg, qui y a faict son debvoir, vous pourra dire come j'y ai faict le myen et que, par deulx fois, je les ay bien remins ensemble. Après cela, je ne m'en suis plus voullu mellé, cognoissant bien que je n'y aurois point d'honneur. Ils vous ont tous deulx de l'obligation et moy, je suys à vostre commandement et d'aussy bon cœur que je me recommande à toutes vos bonnes prières et bonnes graces et suplye Dieu qu'il vous contynue sa paix et qu'il vous donne, Monsieur le Comte, aussy bonne santé que je la demande pour moy.

Vostre plus affectionné ,

Loys de Rohan (1). »

(1) *Chartrier du château de Flers.*

XXIII.

Lettre de Marie de Médicis à la comtesse de Flers.

« Madame de Flers,

Ayant esté prié par le S^r. Baron de Poilley et sa femme de leur tenir, sur les saints fonds de baptesme, la fille qu'il a plu à Dieu leur donner, et ne pouvant y satisfaire en personne, comme je le désirerois, je vous ay chosye pour fere cest office en mon nom. C'est pourquoy je vous prie de vous trouver au lieu où la cérémonie du baptesme doibt se fere, au temps qui vous sera pour ce préfixé ; de leur tenir, de ma part, le dit enfant sur les dits saints fonds de baptesme, luy donner mon nom et fere sur ce toutes les autres solennités et formalités accoustumées que vous jugerez estre à propos convenables, et vous me ferez en ce service très-agréable, priant Dieu, Madame de Flers, qu'il vous ayt en sa bonne garde. Escript de St.-Germain-en-Laye, le xxie jour de février 1604 (1).

MARIE. »

XXIV.

28 mars 1605. Adveu du comté de Flers, rendu par Messire Nicolas de Pellevé, chevalier, seigneur comte du dit lieu (2) :

(1) *Chartrier du château de Flers.*
(2) *Ibid.*

« Du Roy, nostre souverain Seigneur, noble seigneur Nicollas de Pellevé, comte de Flers, baron et chastelain de Condé-sur-Noireau et de Tracy, seigneur de Calligny, des Botz, la Landelle, la Malherbière, le Quesnay, St.-Germain-d'Ectot, Rouville, Cerizy, gentilhomme ordinaire de la chambre du Roy, confesse et advoue tenir en foy et hommage une baronnye appelée la Baronnye de Flers, avecques toutes ses appartenances, dignitez, libertez et apendences quelzconques, dont le chef est assis en la paroisse du dit lieu de Flers en la viconté de Vire, en laquelle baronnye j'ay toute justice basse et moyenne et congnoissance des pois, mers et mesures d'icelle baronnye, en la manière que ont ou doibvent avoir les autres barons de Normandie, avec droict de *quatre foires par chascun an*, c'est assavoir à la Magdalaine, à la Saint George, à la Saint Pierre au mois de juing, et à la Saint Barnabé d'esté au dict mois; *à plusieurs assemblées; a droict de marché, audict lieu de Flers, chacune semaine aux jours du mercredy et vendredy* avec droict de mesurage et aunage aux dictes foires et marchés avecques droict de coustume, au dict bourg de Flers, pontz et passages qui en dépendent suivant la concession de Sa Majesté. Ausquelles foires et marchés les hommes et receans de ma dicte baronnye sont subjets à apporter leurs denrées et marchandises premièrement que de les porter à aultres foires et marchés avec la subjection de la garde d'icelles foires que me doibvent faire les sergents fieffés de ma forêt et les provotz des arrière-fiefs. Item, de cette baronnye sont tenus en foy et hommage plusieurs fiefz nobles, c'est assavoir : le fief de Gasprée, le fief de la Buneche, le fief de la Ribletière; item, le fief de Montaignoux, duquel fief la court et jurisdiction est dévollue en la jurisdiction de ma dicte baronnye; lesquelz fiefs et chacun d'eux me font plusieurs rentes et redevances annuellement et casuellement avecques foy et hommage, comme dessus, droict des gardes, relliefs, traizièmes

et aides, et soubz-aides et autres subjections et redevances
à noble baronnye appartenantz, avec plusieurs vavassories
et aînesses tenues d'icelles ; sur les hommes desquelz fiefs et
autres hommes receantz en icelle baronnye j'ay droict de
plusieurs rentes, corvées et redevances jouste les adveux et
déclarations qui par iceulx hommes ou les seigneurs moiens
éntre eux et moy m'en sont rendus ès ples et jurisdiction
de ma dicte baronnye ; et le tout ainsy qu'il est usé et accoustumé en icelle.

« Item , à ma dicte baronnye y a plusieurs églises et bénéfices en ma donnoison, c'est assavoir : le bénéfice du dict
ĵieu de Flers, le bénéfice de St.-Georges des Groseliers, le
bénéfice d'Aubusson , le bénéfice de la Chapelle-Biche avecques la chapelle du château dudict lieu de Flers. Item , le
bénéfice de St.-Cler-de-Halouze et la Chapelle-au-Moyne autrement dicte Chapelle-Hermentier : lequel bénéfice de St.-Cler
et Chapelle-Hermentier alternatif entre moy et le sieur de
la Buneche. Item , j'ay à ma dicte baronnye plusieurs foretz,
bois et buissons, c'est assavoir : la forest et franc bisson de
Halouze, le fay de Flers , le bisson de Percey et le Clos-
Simon ; desquelz bois et bissons je peux forger et faire forger
de mes bois et minières estant en iceulx et iceulx vendre,
tailler, distribuer et faire et user comme de ma propre chose
et hérittage, sans payer au Roy , nostre dict seigneur, aucun
tiers ne danger. Avecques ce , j'ay à ma dicte baronnye et
bois dessus dictz garenne de toutes bestes , puissance de
chasse à cor et à cry , et pour ce faire me doibvent et sont
subjetz les hommes et receants en icelle baronnye corvées
de haies et de huées, sellon qu'il est accoustumé. Item, j'ay
droict de poursuivre les bestes levées en icelle entre les
quatre portes de Normandie, avecques puissance de faire tenir
en icelle ma dicte justice , touttefois que le cas le requiert,
et si aucun procès sortist de ma dicte justice en tant que
sont les dictes eaux et forestz, *il doit sans moien aller*

sortir en la Court de Parlement de Normandie ; par ma dicte
justice pouvoir de faire aprocher, taxer ou déclarer les exploitans en iceulx bois à amende ou forfaitures, selon les
exploitz par eulx faictz, et iceulx exploitans poursuivre de
prompte poursuite entre les quatre portes de Normandie,
sans que les officiers du Roy, nostre dict sire, soient grandz
maistres verdiers ou aultres, n'y puissent donner aucun empeschement ne mesmement en la visitation que je puis faire
par ma dicte justice ès dictz bois et forctz, eaux et rivières
de ma dicte baronnye, ne en côurs de cheminage que j'ay
droict ; en laquelle forest et francq bisson de Halouze, bois
de Flers et bisson de Percey, j'ay sergentz fieffés subjetz à
la garde de iceulx et en apporter les exploitz en la jurisdiction
de ma dicte baronnye. Item, en icelle baronnye, j'ai droict
de coustumes, foires et marchez devant dictz et touteffois que
par les receantz en icelle sont vendues ou acheptées aucunes
denrées aultres que pour leur user et droict de levage ou coustume sur tous ceulx qui desaisissent ma dicte baronnye d'aucunes denrées, avecques droict de poudrage une semaine en
l'an, outre les droictures dessus portées, c'est assavoir le jour
Saint-George trois jours devant et trois jours après des passans et rapassans parmy la dicte baronnye (1) ; desquelz
droictz, debvoirs, franchises, dignitez et libertez moy et
mes prédécesseurs avons esté et sommes en bonne jouissance
et possession, à cause de laquelle je suis subject au Roy,
nostre sire, ès dictz foy et hommage, garde, reliefz, traizies-
mes, et toutes obéissances de droict, sellon la coustume de
dict pais de Normandie. Ce présent adveu rendu, baillé et
advoué par le dict seigneur conte au Roy, saouf (sauf) et sans
préjudice de la réunion concédée par Sa Majesté des terres et
seigneuries des Botz, Calligny, le Verger et sa despendance
avec la dicte baronnie de Flers et érection en comté des dictes

(1) Voir Léopold Delisle, *Études sur la classe agricole,* p. 384.

terres et seigneuries, de la quelle conté il rendra adveu entier, lorsque par la dicte Court de Parlement les lettres de l'érection de la dite conté auront été vérifiées.

« En tesmoing de quoy, j'ay signé le présent de mon seing et à icelluy faict aposer mon scel d'armes cy mis le vingt-huict jour de may l'an mil six centz cinq. » (Pas de sceau.)

XXV.

Voici deux lettres de François de Bourbon à Nicolas de Pellevé. La première est datée de Coutances, le IXe. jour de novembre 1590 :

« Monsieur de Flers,

J'ay veu vos lettres et celles que je vous ay cy devant escriptes lesquelles j'ay faict interpretter à nostre homme present porteur.—Du depuis je vous ay escript de vous acheminer avec vos troupes es environs de la ville d'Avranches, ou sy vostre santé ne le vous pouvoyt permettre de les faire conduyre par les cappitaines d'icelles. Telle est la cause que je vous faict escrire ceste cy pour vous prier derechef comme je fais affectionnément, monsieur de Flers, si d'adventure vous n'estiez party, de vous haster de venir avec vos trouppes, et si elles n'estoient près de vous, de les mander quelque part qu'elles soyent, affin que vous puissiez estre avec icelles au siége d'Avranches, lequel j'ay entrepris suyvant l'exprès commandement que j'en ay eu du roy monseigneur. Je scay que vous affectionnez tant son service que je m'asseure que vous voudrez prendre vostre part de si bel œuvre. Je vays donc, en vous attendant, prier Dieu vous donner, monsieur de Flers, ce que plus desirez. De Coutances, ce IXe. jour de novembre 1590.

Vostre très affectionné et meilleur amy,

FRANCOIS DE BOURBON »

La seconde est du 4 août 1591 et datée de Lisieux :

« Monsieur de Flers,

Ayant eu certain advis que monseigneur le duc de Mayenne faict un gros avec le sieur de la Chastre et aultres forces qui le vont joindre, pour entreprendre sur les villes de Vernon, Évreux et aultres de ce pais, j'ay pensé estre necessaire pour le service du roy monseigneur et repos de ceste province, d'assembler le plus de forces que me sera possible, pour m'opposer à ses desseings et les combattre ; c'est pourquoy je vous escripts ceste lettre pour vous prier de me venir trouver avec ce que vous en pourrez assembler, tant de cheval que de pied, vendredy prochain à Bernay, affin que touz ensemble nous puissions faire quelque bon effet, mais je vous prie d'y user de dilligence. M'asseurant que vous seriez marry de m'avoir manqué à ce besoing, je prierai en cest endroict Notre Seigneur vous donner, Monsieur de Flers, ce que plus désirez. De Lisieux, ce IIII aoust 1591.

Vostre entièrement bon amy,

FRANÇOIS DE BOURBON (1). »

____

(1) *Chartrier du château de Flers.*

XXVI.

Contrat de mariage de Messire Nicolas de Pellevé et d'Élisabeth de Rohan, portant la date du 7 octobre 1593 :

« Saichent tous présens et advenir que en la court de la chastellenie du Vergier, pardevant nous personnellement establis, très-hault et très-puissant seigneur et prince, Messire Loys de Rohan, prince de Guemené, pair de France, Seigneur de Condé-sur-Noyreau, et damoiselle Ysabeau de Rohan, sa fille et de deffuncte haulte et puissante dame Leonnor de Rohan, princesse de Guemené, vivante sa compaigne et espouze, demeurant au château du Vergier, d'une part ; et puissant seigneur Messire Henry de Pellevé, baron de Flairs, les Boz, le Quesné, Tracy, la Landelle et Calligny, gentilhomme ordinaire de la chambre du Roy, son fils aisné et son principal héritier, et de deffuncte dame Jeanne de Grosparmy, vivante femme et espouze du dict seigneur baron, demeurant en la paroisse de Flairs, pais de Normandie, d'aultre part. Confessent de leur bon gré et bonne volonté, sans aulcune contraincte en traictant et accordant le mariaige futur entre le dict seigneur de Calligny et la dicte Ysabeau de Rohan, avoyr convenu et accordé et par ces présentes acordent ce que s'ensuyt : c'est assavoir que le dict seigneur prince, en faveur du mariaige, a donné et par ces présentes donne à la dicte de Rohan, sa fille, la somme de trente-cinq mil livres de son chef et pareille somme de trente-cinq mil livres pour les droictz successifs échus à la dite de Rohan par le deceps de la dite dame princesse, sa mère et de deffunct hault et puissant seigneur Messire Loys de Rohan, vivant duc de Montbazon, pair de France, cappitaine de cinquante hommes d'armes des ordonnances du Roy, fils aisné des ditz seigneur et dame. Les dictes sommes paiables par le dict seigneur prince aux ditz futurs espoux de dans quatre ans après le jour de leurs espouzailles, et ce pendant leurs a relaissé la jouissance de la dicte tene et seigneurie de Condé-sur-Noireau, pays de Normandie en l'évêché de Bayeux, ainsi qu'elle se poursuit et comporte tant en fiefs que dommaines et comme le dict seigneur prince a accoustumé en joyr, sans aulcune chose en retenir, excepter ne réserver; et pour le regard des offices et bénéfices, le dict seigneur de Calligny et la dicte de Rohan, sa future espouse, y pourvoiront avenant vacation par mort et non aultrement, avecques la permission et volonté de mon dict seigneur et prince, et ne pourront destituer ceulx qui sont installés à présent; et pour le regard des réparations du chasteau, ne sont tenus le dict seigneur de Calligny et la dicte de Rohan, futurs espoux, en aulcunes réparations. S'il y avoyt quelque ruine par leur faulte, ils solliciteront les fermiers de la dicte terre faire faire les dictes réparations, comme ils y sont tenus et obligés; pour le regard des boys, le dict seigneur de Calligny s'en remettra à la volonté du dict seigneur prince, tant pour le chaufaige que aultrement; pairont les gaiges des officiers, feront conduire et faire à leurs despens tous procès, tant civils que criminels, qui pourront intervenir pendant le dit temps de quatre ans pour les debvoyrs et services deubz pour raison des dictes choses et joyr comme bons pères de famille. La dicte terre et seigneurie de Condé racheptable par le dict seigneur prince, ses hoirs et ayans cause de dans les ditz quatre ans, pour la somme de soixante et dix mil livres à ung seul et entier payment; et ont les ditz seigneurs de Pellevé père et fils promis et demeurent tenus, icelles sommes paiées, de les convertir en acquêts et héritages pour et au nom de la dicte Ysabeau de

Rohan , qui seront censez et réputez son propre patrimoigne, sans que la dicte somme et acquêts qui en proviendront , puissent entrer en la communité des ditz futurs conjointz ; et faute de ce faire, les ditz seigneurs de Pellevé ont dès à présent affecté, hypothecqué et obligé , et, par ces présentes, affectent , hypothecquent et obligent à la dicte Ysabeau de Rohan la baronnie de Flairs jusques à la valeur et concurrence de la dicte somme de soixante et dix mil livres sans diminution du douaire de la dicte de Rohan ; et au moyen de ce, la dicte de Rohan a renoncé et renonce , tant à la succession du dict seigneur prince, son père, que aux successions eschues de la dicte deffuncte dame princesse , sa mère, et du dict seigneur duc de Montbazon, son frère aisné , pour et au profit du principal héritier du dict seigneur prince.

Et en regard du dict seigneur baron de Flairs, il a marié le dict seigneur de Calligny comme son fils aisné et principal heritier pour luy succeder en tous et chascuns ses biens meubles et immeubles , selon les coustumes des lieux ou leurs dicts biens sont situez, et luy a , en faveur du dict mariaige, des à present donné la somme de cinq mille sept cens livres tournois de rente annuelle, payable par chascun an, aux termes sainct Jehan et Noel , moytié par moytié , sur tous et chascuns ses biens , et au payment d'icelle rente , suyvant les articles qui ont este accordez entre les dictes parties, speciallement a affecté sa dicte baronnie de Flairs, et a le dict seigneur barron donné a son filz la dicte terre et seigneurie des Botz (1), en plaine propriété pour luy, ses hoirs, et ont les dictz seigneur barron et de Caligny, constitué et assigné à la dicte de Rohan douaire suivant la coustume de ce pays d'Anjou, sur tous et chascuns leurs biens, quelque part qu'ilz soyent situez, nonobstant toutes aultres coustumes au contraire auxquelles ils ont desrogé en faveur du dict ma-

(1) Fief dans le canton d'Athis.

riaige, et en cas que le dit seigneur de Calligny predecede
le dict seigneur barron, a esté convenu entre les parties que la
dicte de Rohan se contentera, pour son dict douaire, pendant
la vie du dict seigneur, de la somme de troys mil livres de
rente annuelle à prendre sur la dicte terre de la baronnie de
Flairs, de Boz et aultres de proche en proche, jusques à la
valleur de la dicte somme, sans desroger ne prejudicier par
la dite de Rohan à son douaire coustumier, apres le deceps du
dict seigneur baron suyvant la coustume d'Anjou, moyennant
lesquelz accorts et conventions cy dessus, la dicte Ysabeau
de Rohan, du voulloir et consentement du dict seigneur
prince et de haulte et puissante dame Francoyse de Laval,
princesse de Guemené, son épouse, et le dit sieur de Calligny,
aussy du voulloir et consentement du dict seigneur barron,
son père, se sont promis mariaige l'ung à l'aultre et icelluy
solenniser en face de la saincte eglise catholique, apostolique
et romaine, quant l'ung en sera requis par l'autre, et a esté
tout ce que dessus respectivement stipullé et accepté par
chascune des dictes parties, etc. Faict et passé au chasteau du
Vergier, par devant nous Jacques Gueretin et Jehan Tourteau,
notaires de la chastellenie du dict lieu, en presence de nobles
hommes Charles de Royers, chevallier de l'ordre du roy,
gentilhomme d'onneur de la royne, seigneur de la Brissoliere
au duché d'Alençon, en la viconté de Donfront en Passays, et
Robert de la Bigne, seigneur de Lencosme et bailly de
Mortaing, procureurs speciaulx du dict barron de Flairs,
pour l'effaict des presentes; et en presence de hault et puissant
seigneur, messire Allexandre de Rohan, marquis de Maligny,
cappitaine de cinquante hommes d'armes des ordonnances du
roy, fils du dict seigneur prince; Anthoine de Silly, comte
de la Roche-Pot, gouverneur du pays et dusché d'Anjou, et
nobles hommes, Jehan de Vallembras, sieur de la Coullonche,
demeurant au dit pays de Normandie; Robert de Reneville,
sieur du dit lieu; Françoys de Chérin, sieur de Voysin, y

demeurant ; Charles de la Roussiere , sieur de la Colandiere, maistre d'ostel de mon dict sieur prince, et Loys Melier, sieur de Charenart, et demeurant au chasteau du Vergier, temoings à ce requis et appelez le sixiesme jour d'octobre l'an mil cinq cens quatre vingt treze après midi (1). »

XXVII.

Lettres-patentes obtenues par Nicolas de Pellevé concernant l'érection des foires de Flers :

« Louis , par la grace de Dieu , roy de France et de Navarre, à tous presens et advenir , salut. Nous avons receu l'humble supplication de nostre amé et feal chevallier de nostre ordre, Nicolas de Pellevé, s^r. et comte de Flers, contenant que, en la terre et seigneurie de Flers , vicomté de Vire , pays de Normandye, y a ung bon bourg, situé en bon pays, dans lequel y a foires et marchés et est habité de bons marchans, pour la commodité desquelz et décoration de la dicte terre et seigneurie le dict sieur comte desireroit qu'il nous plaist y créer et establir deux foires l'année par augmentation de celles qui y sont ja créées, et establies, et sur ce lui octroyer noz lettres à ce necessaires. Scavoir faisons que nous, inclinant à la supplication et requeste du dict sieur comte de Flers , en considération des bons, agreables et recommanda-

(1) *Chartrier du château de Flers.*

bles services qu'il nous a faictz et au feu roy nostre tres honoré
seigneur et pere, que Dieu absolve, tant au faict des guerres
que aultrement et esperons qu'il fera à l'advenir. A ces causes,
avons, au dict bourg de Flers, créé, ordonné et institué et
estably, et de nostre certaine science, grâce spécialle, pleine
puissance et auctorité royal, créons, érigeons et establissons
par augmentation les dictes deux foires avec droict de havage
pour estre tenues au dict bourg de Flers, scavoir : la première le lendemain des festes de Pasques, et la seconde le
lendemain des festes de la Penthecoste; chascune d'icelles
durant trois jours entiers et consécutifs, et estre aux ditz
jours et au dict lieu et bourg doresnavant perpétuellement à
tousjours gardées, observées et entretenues ; voullons et ordonnons que, aux dictz jours, tous marchans y puissent aller,
venir et séjourner, trocquer, vendre, achepter, changer et
débiter toutes espèces de marchandises licites, et qu'ils jouissent de touz et telz droictz, privilleiges, franchises et libertez
que l'on a accoustumé de faire en aultres foires de nostre
royaulme, pourveu touteffoys qu'à quatre lieues à la ronde du
dict bourg n'y ayt aucunes foires aux jours dessus dictz. Sy
donnons en mandement à noz amez et féaulx conseillers tenant nostre Court de Parlement de Rouen, bailly de Caen ou
son lieutenant à Vire, et à touz autres nos justiciers et à
chacun d'eulx, si comme à lui appartiendra que de noz présentes création et establissement des dictes foires et droict de
havage, ils facent, souffrent et laissent jouir et user le dict
sieur comte de Flers, ses successeurs et ayans cause, ensemble les marchans allans, séjournans, venans et fréquentans
à icelles plainement, paysiblement et perpétuellement par
facons publiées, criées et signifiées ès lieux circonvoisins et
ailleurs, ainsy qu'il appartiendra et que le dict sieur prenne
et jouisse des priviléges, droictz et debvoirs qu'on a accoustumé faire aux aultres foires dudict pays ; sans en ce luy
faire, mectre ou donner ou souffrir luy estre faict, mis ou

donné aucun empeschement ; au contraire lesquels sy faicts,
mis ou donnés luy estoient, les mettent et réparent, ou facent mestre et réparer incontinent ēt sans délay et en plaine
et entière délivrance. Car tel est nostre plaisir, nonobstant
quelzconques editz, ordonnances, mandemens, deffenses,
clameurs de haro, chartre normande et aultres lettres à ce
contraire ; et affin que ce soit chose ferme et stable à tousjours, nous avons faict mectre et apposer nostre scel à ces
dictes présentes, sauf en aultres choses nostre droict et l'autruy
en toutes. Donné à Paris, au mois de novembre, l'an de
grâce mil six cens seize et de nostre règne le septiesme.

LOUIS.

Par le Roy: DE LOMENIE. »

XXVIII.

Commission donnée par Louis XIII à Louis de Pellevé, de
lever un régiment, pour tenir tête au duc de Longueville :

« Ayant advisé pour le bien de nostre service sur les occasions qui se présentent et affin de maintenir nostre autorité
et la paix publique de nostre royaulme, d'augmenter et ac-
croistre nos forces d'un certain nombre de gens de guerre,
et pareillement de lever et mettre sus ung régiment de gens
à pied françois, composé de dix compaignies de cent hommes
chacune, et estant besoing pour assembler l'une des dites
compaignies et pour servir de mestre de camp, faire choix
de quelque vaillant et expérimenté personnage, de la fidélité

duquel nous ayons entière confiance. A ces causes, sachant quelle est vostre valeur et affection à nostre service, vous avons constitué, faisons et constituons par ces présentes, signées de nostre main, mestre de camp desdites dix compaignies et capitainne de l'une d'icelles composées de cent hommes, lesquels nous vous mandons que vous aurez incontinent à lever et mettre sus des meilleurs, plus vaillants et aguerris soldats que vous pourrez trouver et choisir pour iceux conduire, etc. Donné à Rouen, le xie jour de juillet, l'an mil six cens vingt.

LOUIS (1). »

XXIX.

Lettres-patentes concernant une nouvelle érection des foires de Flers :

« Louis, par la grâce de Dieu, roy de France et de Navarre, à tous présens et à venir salut. Receu avons l'humble supplication de nostre cher et bien amé Louis de Pellevé, comte de Flers, contenant que le bourg du dit lieu et comté est scitué et sciz en pais assez fertille en bled, bestial et aultres choses nécessaires et commodes, bien construict et peuplé de maisons et habitans et marchans bien aysez trafficquant avec leurs voisins et aultres tellement que, pour la décoration d'iceluy bourg et comté, le dict sieur comte nous a très-humblement supplié et requis y voulloyr créer et esta-

(1) *Chartrier du château de Flers.*

blir quatre foires l'an pour y estre tenues le prochain mercredy d'après la feste des Rois, le prochain lundy avant les Rogations, le quinziesme jour de septembre, et le mercredy d'après le jour et feste Conception de Nostre-Dame, et sur ce lui octroyer nos lettres nécessaires. Scavoir faisons que, inclinant à la supplication du dict sieur comte, mesme en considération des notables et bons services que ses prédécesseurs ont faict aux rois, nos prédécesseurs, et qu'il nous a pareillement rendus depuis nostre avènement à la couronne au faict des guerres et mouvemens derniers, espérant que par cy-après il nous continuera ses dicts services. Pour ces causes et aultres bonnes considérations, avons, par ces présentes, signées de nostre main, au dict bourg et comté de Flers, créé, ordonné et constitué et estably, et de noz certaine science, grâce spécialle, plaine puissance, aucthorité roialle, créons et ordonnons, instituons et establissons les susdictes quatre foires pour estre tenues, au dict bourg, le prochain mercredy d'après la feste des Rois, le prochain lundy avant les Rogations, le quinziesme jour de septembre, et le prochain mercredy d'après le jour et feste de la Conception Nostre-Dame, pour y estre, en iceulx jours, bourg et dict lieu du comté de Flers, doresnavant perpétuellement et à tousjours gardez et observez, entretenues, à scavoir : celles du lundy prochain avant les Rogations et quinziesme jour de septembre, durant chacune trois jours entiers et consécutifs, et les autres un jour entier. Voullons, ordonnons que aux ditz jours, tous marchans y puissent aller, venir, séjourner, trocquer et eschanger toutes sortes de marchandises licites, et qu'ilz jouissent de touz et telz droictz, privilléges, franchises et libertez que l'on a accoustumé de faire en foires establies en villes et bourgs de ce roiaulme, pourveu touttefois que à quatre lieues à la ronde d'iceluy bourg n'y ayt aultres foires ès ditz jours et qu'il ne s'y rencontre aulcunes festes d'Apostres et sans préjudice, ni diminution de noz droictz et donnons en mandement à nostre Court de Parlement de Rouen, bailly de Caen ou ses lieutenans et à touz autres justiciers et officiers présens et à venir, et à chacun d'eulx, comme il appartiendra que de nos présentes création et establissement des dites foires ilz facent, souffrent et laissént le dit sieur comte de Flers et ses successeurs, ensemble les marchans allans, venans et fréquentans icelles foires, jouir et user plainement, paisiblement et perpétuellement, en faisant publier, crier et signifier ès lieux circonvoisins et ailleurs où besoing sera, permettant au dict sieur Comte auquel nous avons permys et octroyé de grâce spécialle, par ces présentes, de prendre et jouir en icelles foires des privilléges, droictz et debvoirs que les aultres seigneurs du dict pais et luy ont accoustumé d'avoir, jouir et user pour semblables choses, sans en ce luy faire, mettre, donner ou souffrir luy estre faict, mis ou donné aulcun empeschement au contraire ; lesquelz sy faicts, mis ou donnés luy estoient, luy mettent ou facent mettre incontinent et sans délay à plaine et entière délivrance et au premier estat. Car tel est nostre plaisir, nonobstant quelconques ordonnances, restrictions, mandemens, desfenses et lettres à ce contraires, et à faire que ce soit chose ferme et stable à tousjours, nous avons faict mettre nostre scel aux dictes présentes, sauf en aultre chose nostre droict et l'aultruy.

Donné à Paris, au mois de janvier, l'an de grâce mil six cens trente et de nostre règne le vingtiesme.

LOUIS.

Par le Roy: PHELIPEAUX. (1) »

(1) La charte originale, conservée dans le *Chartrier du château de Flers*, porte encore le sceau royal. Nous ne donnons pas la seconde charte de création de quatre nouvelles foires. Elle est datée du même jour 30 janvier 1630 et elle est entièrement conforme à la première, comme exposé de motifs.

XXX.

Ordre donné par le Duc de Longueville à Louis de Pellevé de se rendre à Évreux :

« Monsieur,

Le Roy s'en allant à Chaalons pour s'opposer aux desseins de ses ennemys, il m'a commandé de m'en aller en mon gouvernement pour y assembler toute la noblesse et aveq elle me rendre au dit Chaalons près de Sa Majesté, le dernier jour du présent mois, au plus tard, ainsi que M. le prince et autres gouverneurs de province; ce qui me fait vous escrire cette lettre pour vous prier de vous trouver près de moy ce xxe à Évreux avec les gentilzhommes vos voisins, aux quels le peu de temps ne me permet d'escripre, que vous en prierez de ma part, en meilleur équipage d'armes et chevaux qui sera possible. Sa Majesté a ordonné la convocquation du baon; mais ceux qui viendront aveq moy en seront exempts. Je me promets tant de votre affection au bien de son service et votre bonne volonté vers moy, que je m'asseure que vous n'y manquerez : pourquoy je finis et demeure,

Monsieur,

Votre tout affectionné à tousjours,

HENRY D'ORLÉANS (1). »

(1) *Chartrier du château de Flers.*

XXXI.

Commission donnée par le Duc de Longueville à Pierre de Pellevé de lever un régiment de cavalerie légère :

« Messieurs des Parlements et des corps des villes de Paris et de Rouen ayant désiré que nous prissions la charge et le soing de la conservation des provinces, nous, en vertu que nous avons de Sa Majesté, avons commis et commettons, par ces présentes, pour maistre de camp M. le Comte de Flers pour faire incessamment, dans les lieux qui luy seront par nous nommez, la levée de ung régiment de cavalerie légère de quatre compaignies composées de cinquante maistres chacune.

« Luy donnant, à ceste fin, pouvoir et mandement spécial et enjoint à tous de luy donner aide et assistance pour cet effet. En tesmoing de quoy, nous avons signé les présentes de nostre main, icelles fait contresigner par un de nos secrétaires, et apposer le cachet de nos armes à Rouen, le XXIIIe jour de février 1649.

Duc de Longueville (1). »

XXXII.

Ce qu'était la baronnie de Larchamp, apportée par Marie Fauvel à Antoine de Pellevé :

(1) *Chartrier du château de Flers.*

La baronnie de Larchamp demeura long-temps entre les mains de la famille de ce nom, puis elle passa entre celles de la maison de Grimouville dont le plus illustre représentant est Nicolas de Grimouville, capitaine des gardes du corps de Henry III, chevalier du St.-Esprit, qui se signala dans les guerres du XVIe. siècle, sous le nom de Larchamp. Il avait épousé Diane de Vivonne et de la Châtaigneraie, fille de celui qui fut tué par le comte de Jarnac. Le dernier seigneur de Larchamp du nom de Grimouville, fut Pierre de Grimouville mort en 1616. Il avait épousé Aliénor de Sourdeval et n'en laissa pas d'enfant. Jacques de Crux devint alors baron de Larchamp, et c'est par un mariage avec sa fille et unique héritière, que Fauvel de Lebizé devint à son tour seigneur de Larchamp et de la Lande-Patry.

XXXIII.

Le Duc de Roquelaure nomme Antoine de Pellevé colonel de la noblesse de l'élection de Vire :

« Estant nécessaire pour le service du Roy de pourvoir à la seureté de la coste et empescher les descentes qui pourroient estre faites par les ennemys de l'Estat et conserver les places de cette province, nous avons estimé que nous ne pouvions employer un moyen plus prompt que l'affection de la noblesse, à laquelle nous avons, à cet effet, permis de s'assembler en nostre présence ou de personne ayant de ce

pouvoir pour eslire des officiers capables de les commander,
ensemble les milices du plat pays et d'autant qu'en exécution
de nos ordres, la noblesse de l'élection de Vire a fait choix
d'officiers capables de la commander, selon le pouvoir que
nous leur en avons donné et qu'il est nécessaire de nommer
des colonels pour commander les régiments de cavalerie et
d'infanterie de cette province, composés des gentilshommes
et milices d'icelle ; nous avons nommé M. le Comte de Flers
pour commander les compagnies de cavalerie de la dite élection. Donné à Caen, le 7ᵉ jour de juin 1674.

Le Duc de Roquelaure (1). »

XXXIV.

Voici l'extrait d'un aveu rendu, en 1668, par Antoine
de Crux. Il nous fournit des détails curieux et sur la baronnie de Larchamp, et sur celle de la Lande-Patri réunie
au comté de Flers (2) :

« 22 mars 1668.

Aveu d'Antoine de Crux, Sʳ. de Courboyer, tuteur de

(1) *Chartrier du château de Flers.*

(2) Armes des Patri, seigneurs de la Lande-Patri : de gueules à
3 quinte-feuilles d'argent.

damoiselle Marie Fauvel, fille de feu François Fauvel, vivant écuyer, S^r. de Lebissé ; et de dame Charlotte-Anne de Crux, baronne de Larchamp;

De la terre et seigneurie de Larchamp, autrement dite la Lande-Patri, tenue par une entière baronnie, laquelle s'étend tant en la vicomté de Vire que celle de Domfront et dont le chef est assis en la paroisse de la Lande-Patri et s'étend sur Chanu, Larchamp.

Auquel lieu de la Lande-Patri il y a d'ancienneté château et forteresse qui de présent est en ruine, avec droit de guet et de garde, le château étant en état; et sont les hommes de ladite seigneurie tenus à la réparation de la motte ainsi que des fossés.

Item, au dit lieu il·y a ville et bourgeoisie, avec droiture de marché, laquelle ville est pareillement en ruine fors quatre ou cinq maisons.

Item, un grand étang, nommé l'étang de la Lande-Patri, actuellement en pré.

Droit de four sur les hommes et vassaux, en la dite paroisse de Larchamp, auquel manoir de Larchamp il y a une motte et fossé.

Item, au dit lieu de Larchamp mines, minières et fourneau pour faire fer, deux étangs pour le service du dit fourneau.

Dépendant de la dite seigneurie : le fief de Beaumanoir, celui du Mesle, réunis à la dite baronnie (le fief du Mesle avait quatre prévôts).

De plus, une vavassorie dans la paroisse de Chanu, tenue par les religieux de Belle-Étoile, à charge de payer par chaque an douze deniers tournois *pour un éperon.*

Item, le prieur de la Lande-Patri, pour une vavassorie tenu à faire ses devoirs seigneuriaux, avec prière et oraison.

Droit de patronage et de présentation à Larchamp et à la Lande-Patri.

Droit de prendre la coutume d'une foire séant le jour de St.-Laurent, autour du prieuré.

Basse et moyenne justice.

Tenu à soixante jours de garde, en la ville de Domfront à la porte de Normandie.

Les hommes de la dite baronnie francs, quittes et exempts de coutumes, depuis les portes du Maine jusques ès portes de Caen (1). »

XXXV.

Nommé colonel de la noblesse de l'élection de Vire, Antoine de Pellevé fit dresser l'état des gentilshommes en état de porter les armes.

Il nous a semblé qu'il ne serait pas sans intérêt de passer en revue, à une date certaine, la noblesse de toute une élection importante, de voir combien, en définitive, les guerres civiles et religieuses avaient laissé de nobles dans chaque paroisse. Voici donc ce document dans son entier (2) :

Estat des gentilzhommes de l'élection de Vire, leur re-

(1) Registre des aveux de la vicomté de Domfront, *Bibliothèque de Domfront.*

(2) *Chartrier du château de Flers.*

venu, le nombre de leurs enfans en estat de servir ; ensemble
l'estat des veufves et de leurs enfans en estat de servir.

Premièrement :

Paroisses.	Gentilzhommes.	Revenu.	Enfans.
VIRE.	M. de Sarcilly, gouverneur de Vire,	1,000 l.	non marié.
—	Le S^r. de Laisnerie, (son frère, au ser.),	400 l.	non marié.
—	Le S^r. de la Ruaudière,	400 l.	non marié.
—	Le S^r. Georges de Banville, lieuten^t.-général,	6,000 l.	sans enfans en estat de servir.
—	Le S^r. de Pont Bellenger, vicomte, de Vire,	2,500 l.	non marié.
—	Le S^r. de St-Thomas le Louvetel, âgé de 70 ans,	500 l.	sans enfans
—	Le S^r. de Gathmo le Louvetel,	1,500 l.	sans enfans. en estat de servir.

Paroisses.	Gentilzhommes.	Revenu.	Enfans.
VIRE.	Le S^r. de Launay Pigache,	1,000 l.	sans enfans.
—	Le S^r. du Castel,	800 l.	id.
—	Le chevalier de Laroque Chesnedollé,	·1,000 l.	non marié.
—	Le S^r. de Crannes,	1,500 l.	sans enfans.
—	Le S^r. de Bony (incommodé),	1,400 l.	non marié.
	Veufves de Vire :		
—	La Dame veufve du Sr de Blon Radulph, lieuten^t.-criminel ,	1,300 l.	sans enfans en estat de servir.
—	La Dame veufve du S^r. de Bernières-Chesnedollé ,	900 l.	sans enfans.
—	La Dame veufve du S^r. de la Nanterie ,	5,000 l.	id.
—	La Damoiselle veuve du S^r. du Désert Géoffroy ,	500 l.	sans enfans.
—	La Damoiselle de St.-Aulain ,	500 l.	deux enfans en estat de servir.

Paroisses.	Gentilzhommes.	Revenu.	Enfans.
VIRE.	La Damoiselle de Tourville,	700 l.	sans enfans.
—	La Damoiselle veufve du S^r. de Brunville Sollier,	40 l.	sans enfans.
TALLEVENDE.	René de Campion,	1,500 l.	sans enfans en estat de servir.
—	Claude de La Croix, àgé desjà, a un fils qui est à Dieu. ;		
—	Un autre fils, Claude de La Croix, marié,	1,200 l.	sans enfans.
—	Giles de Marcé,	50 l.	non marié.
—	Claude Collardin	2,000 l.	sans enfans en estat de servir.
—	Jean Collardin,	300 l.	sans enfans.

Veufves :

—	La Damoiselle veufve de Louis de Marcé,	40 l.	sans enfans.
—	La Damoiselle veufve du S^r. de St.-Germain Campion,	400 l.	sans enfans.

Paroisses.	Gentilzhommes.	Revenu.	Enfans.
St.-Martin-de-Tallevende.	Néant.		
Coullonces.	Le S' marquis des Biards,	800 l.	sans enfans. sans enfans.
Neufville.	Le S'. comte de La Forest,	8,000 l.	non marié.
Vaudry.	Jean-Charles du Halley,	(revenu saisi.)	un fils en estat de serv.
Roullours.	Jacques de Thoury, âgé.	1,500 l.	
—	Le S'. de Barenton, son fils,		sans enfans.
—	Le S' Fredouit, (au service.)	sans reven.	sans enfans.
La Lande Vaulmont.	Hippolyte Desmons,	2,000 l.	un fils en estat de serv.
Le Tourneur.	Thomas Levaillant,	150 l.	sans enfans en estat de servir.
—	Le S'. de la Malherbière Lecordier,	3,000 l.	sans enfans.

Paroisses.	Gentilzhommes.	Revenu.	Enfans.
LE TOURNEUR.	Le Sr. chevalier Le Cordier,	500 l.	sans enfans.
—	Nicolas Toustain,	800 l.	sans enfans en estat de servir.
—	Jacques de Baudre,	1,000 l.	non marié.
—	Jean-Henry de Baudre-Noyers,	1,500 l.	id.
—	Nicolas Levaillant,	100 l.	sans enfans.
—	Nicolas de Baudre et son frère absent, (Tous deux peuvent servir.)		non mariés.
LE DÉSERT.	Néant.		
ST.-MARTIN-DE CHAULIEU.	id.		
CARVILLE.	Philippe Ruault, (un seul fils, Gédéon Ruault).	300 l.	
—	François Ruault,	500 l.	sans enfans.
—	Jean Ruault,	100 l.	id.
—	Henry Ruault	500 l.	id.
—	Sébastien Ruault,	100 l.	id.
—	Jean Ruault,	100 l.	id.
—	Me Gédéon Ruault, advocat,	300 l.	id.

Paroisses.	Gentilzhommes.	Revenu.	Enfans.
CARVILLE.	Le Sr. du Rosel,	80 l.	un fils en estat de serv.
TRUTTEMER.	Charles du Bur,	600 l.	id.
LE BÉNY.	Le Sr. marquis de Renty,		au service.
CHESNEDOLLÉ.	Jacques de La Roque,	3,000 l.	2 fils au service, les autres non eu état de serv.
MONTAMY.	La Dame veufve du Sr. de Montamy d'Arclais,	3,000 l.	sans enfans en estat de servir.
PRAISLES.	Néant.		
ST.-SAUVEUR DE CHAULIEU.	Id.		
LE THEIL.	Le Sr. de La Roque du Theil,	3,000 l.	un fils en estat de servir.
—	Le Sr. de Tourlaville,	300 l.	non marié.
—	Georges de la Basonnière,	150 l.	1 fils en estat de serv.

Paroisses.	Gentilzhommes.	Revenu.	Enfans.
BURCY.	La Dame veuve du Sr. de Burcy,	(saisi.)	un fils estudiant en droit à Caen.
VIESSOIX.	Le Sr. de Brudières,	300 l.	sans enfans en estat de servir.
ESTRY.	Pierre de Thoury,	3,000 l.	2 fils en estat de serv.
—	Le Sr d'Estry Cœuret,	1,000 l.	un fils id.
—	Claude Chastel,	1,000 l.	sans enfans en estat de servir.
—	Giles Chastel,	500 l.	id.
MESNIL-AUSOUF.	Néant.		
ST.-DENIS DE MAISONCELLES.	Id.		
TARENTAIGNES.	Le Sr du Tourneur de Crannes,	1,500 l.	non marié.
—	Le fils du feu Sr. baron de Crannes,	1,000 l.	âgé d'environ 20 ans.
—	La Dame veuve de Jacques de Crannes,	1,500 l.	

Paroisses.	Gentilzhommes.	Revenu.	Enfans.
LA GRAVERIE.	Néant.		
MONTCHAMPS.	Jean - Baptiste de Percy,	800 l.	sans enfans en estat de servir.
—	Le S^r. de Mont-champs-Hallé,	2,000 l.	sans enfans.
—	La dame du Hallé,		sans enfans en estat de servir.
—	Jean - Baptiste du Chastel,	250 l.	sans enfans.
—	Julien de S^{te}.-Marie,	150 l.	id.
—	La damoiselle veuve du sieur de Cour-teilles,	500 l.	sans enfans en estat de servir.
BREMOY.	Jacques Neel, mar-quis de Tierce-ville,	500 l,	non marié.
—	Le S^r. chevalier de Tierceville,	1,000 l.	id.
—	Le S^r. de Mollandé-Le Pelletier,	1,500 l.	sans enfans en estat de serv.

Paroisses.	Gentilzhommes.	Revenu.	Enfans.
VASSY.	Le sieur baron de Vassy-Marguerie,	20,000 l.	un fils au service.
—	Jacques du Rozel.		
—	Bernardin du Rozel,	500 l.	sans enfans.
—	Charles de Malfi-lastre,	800 l.	sans enfans en estat de servir.
LANDISAC.	Néant.		
LA CHAPELLE-BICHE.	Néant.		
HALOUZE.	Nicolas de Beauvais, fort âgé,	50 l.	non marié.
SAINT-GERMAIN-DU-CRIOULT.	Charles du Rozel,	1,000 l.	Deux fils en estat de servir.
—	Nicolas de la Rivière,	2,000 l.	pas d'enfans en estat de servir.
—	Nicolas de Malfilastre,	500 l.	un frère en estat de servir.

Paroisses.	Gentilzhommes.	Revenu.	Enfans.
SAINT-GERMAIN-DU-CRIOULT.	Alexandre de la Rivière ,	800 l.	non marié.
CLAIRE-FOUGÈRE.	Néant.		
MONT-SEGRÉ.	Antoine de Fouré.		
—	Abraham de Fouré.		
—	Pierre du Rozel ,	200 l.	sans enfans en estat de serv.
—	Jean de la Broise.		
—	Benedict Du Fresne.		
—	Jacques de Juvigny,	200 l.	non marié.
—	Charles de Freval.		
—	La damoiselle veuve de Jean de Freval.		
MONTILLY.	Jean du Rozel ,	1,000 l.	sans enfans en estat de serv.
—	François du Rozel , chevalier, actuellement à Malte.		
LA BASOQUE.	Isaac Gauthier ,	200 l.	sans enfans en estat de servir.
CERISY.	Le Sr. de La Roque,	200 l.	id.
CALIGNY.	Le sieur marquis de Saint - Germain Olliamson ,	10,000 l.	non marié.

Paroisses.	Gentilzhommes.	Revenu.	Enfans.
CALIGNY.	Pierre de Clin-champs, absent pour crime,	100 l.	non marié.
MONCY.	Néant.		
PIERRES.	Adrien de Banville, lieutenant de vi-comté à Vassy,	15,000 l.	sans enfans en estat de servir.
—	Le sieur Davilly-Banville,	100 l.	non marié.
LA SELLE.	Le sieur de La Selle St.-Germain,	2,000 l.	un fils dans le régiment de la reine.
—	Le sieur du Homme St.-Germain,	600 l.	sans enfans en estat de servir.
FLERS.	Le sieur comte de Flers, Pellevé,	30,000 l.	
—	Le sieur des Pilières Fouré.	2,000 l.	sans enfans en estat de servir.
—	Le sieur Le Harivel,	1,000 l.	id.

Paroisses.	Gentilzhommes.	Revenu.	Enfans.
AUBUSSON.	Nèant.		
SAINT-GEORGES-DES-GROISEILLIERS.	Id.		
SAINT-PIERRE-D'ENTREMONTS.	Le sieur de St.-Germain,	3,000 l.	un fils en estat de servir.
LESNAUT.	Néant.		
RONCAMP.	Id.		
CAMPANDRÉ.	Id.		
MONTCHAUVET.	Gabriel d'Anfernet,	3,000 l.	
—	Le sieur d'Anfernet son fils,	1,000 l.	sans enfans en estat de servir.
ARCLAIS.	Néant.		
SAINT-LAMBERT.	Id.		
CAUVILLE.	Antoine de Sarcilly.		
—	Robert de Sarcilly, son frère,	1,500 l.	non marié.
CULLÉ.	Le s[r]. Patry, fort âgé,	20 l.	sans enfans.
LA ROCQUE.	Philippe des Rotours,	1,000 l.	id.
—	Jacques des Rotours,	1,000 l.	id.
—	François des Rotours,	500 l.	id.

Paroisses.	Gentilzhommes.	Revenu.	Enfans.
SAINT-VIGOR-DES-MESERETS.	Charles de Cairon,	5,000 l.	un fils en estat de servir.
PONT ESCOULLANT.	Le sieur du Pont Escoullant,	2,000 l.	pas d'enfans en estat de servir.
LA VILETTE.	Gabriel Poret,	100 l.	id.
—	Claude Poret,	350 l.	id.
—	François Poret,	300 l.	id.
—	Robert de La Lande et son frère,	250 l.	id.
SAINT-PIERRE-DE-LA-VIEILLE.	Guillaume de Corday,	3,000 l.	id.
—	Philippe de Sainte-Marie, avocat,	200 l.	id.
CAHAN.	La damoiselle veuve du feu sieur de Corday, et Gabriel de Corday, son fils,	200 l.	
—	La veuve de Louis de Vaux, écuyer,	200 l.	sans enfans.
—	Philippe de Vaux,	150 l.	non marié.

Paroisses.	Gentilhommes.	Revenu.	Enfans.
SAINT-MARC-D'OUILLY.	Charles de Cairon,	1,200 l.	sans enfans en estat de servir.
—	François de la Perelle,	200 l.	id.
PERRIGNY.	Néant.		
LAFERRIÈRE-DUVAL.	Id.		
DANVOU.	Id.		
SAINT-JEAN-LE-BLANC.	Id.		
CLÉCY.	Adrien de Tournebu,	200 l.	un fils en estat de servir.
—	Georges de Tournebu,	200 l.	sans enfans en estat de servir.
—	Jacques-Joseph de la Bigne,	250 l.	id.
—	La dame veuve du Sr. de Haynaut-Cantelou,	1,500 l.	un fils en estat de serv.

Paroisses.	Gentilzhommes.	Revenu.	Enfans.
Clécy.	François, Charles et Pierre Le Vallois, frères,	300 l.	
—	Georges de Buarda,	800 l.	sans enfans en estat de servir.
—	Jean de Corday,	1,000 l.	id.
—	Tanneguy de la Mariouze,	2,000 l.	id.
Lacy.	Le Sr. de Percy,	600 l.	id.
—	Bonaventure de la Mariouze (deux frères en estat de servir),	300 l.	non marié.
—	Le Sr. de Fort-Escu,	100 l.	sans enfans en estat de servir.
Mesnil-Hubert.	Néant.		
Rouvrou.	La dame veuve du Sr. de Grouville.		
—	Le Sr. de Rouvrou, son fils,	12,000 l.	
Le Plessis.	Néant.		
Pont-Farcy.	Id.		
Sainte-Marie-des-Monts.	Roland de Gouvetz.	400 l.	non marié.

Paroisses.	Gentilzhommes.	Revenu.	Enfans.
SAINTE-MARIE-DES-MONTS.	La damoiselle veuve du S^r. de Gouvetz.		
PONT-BELLENGER.	Néant		
MESNIL-ROBERT.	Nicolas de Tallevende,	10 l.	un fils en estat de servir.
MORIGNY.	Néant.		
SAINT-VIGOR-DES-MONTS.	André Nantier,	600 l.	non marié.
—	Michel Geffroy,	600 l.	id.
LANDELLE.	Le S^r. Doessé les Vingtaines,	100 l.	sans enfans en estat de servir.
—	Jacques et Antoine Doessé, fort âgés,	100 l.	un fils en estat de servir.
—	Le S^r. de Condé Escajeul, âgé de 74 ans,	800 l.	un fils en estat de servir.

Paroisses.	Gentilzhommes.	Revenu.	Enfans.
SAINTE-MARIE-LAUMONT.	Le S^r. de Sainte-Marie Neel,	3,000 l.	deux fils en estat de servir, dont un dans les cadets.
—	Le S^r. de Tesnières Neel,	2,000 l.	sans enfans.
—	La damoiselle veuve du S^r. de la Panterie.		
—	Georges de Brebeuf, son gendre,	100 l.	sans enfans en estat de serv.
—	La damoiselle veuve de Sainte-Marie-Bois-Touroude,	300 l.	un fils en estat de servir.
SAINTE-MARIE-OUTRE-L'EAU.	Le S^r. de Sainte-Marie,	6,000 l.	sans enfans en estat de servir.
BEAUMESNIL.	Néant.		
SAINT-MARTIN-DON.	Id.		

Paroisses.	Gentilzhommes.	Revenu.	Enfans.
ASNEBEC.	Néant.		
MONTBRAY.	La dame veuve du feu S^r. baron de Montbray,	300 l.	sans enfans,
MESNIL-BENOIST.	Le S^r. du Mesnil Ruault,	5,000 l.	sans enfans.
CAMPAGNOLLES.	Néant.		
GOUVETZ.	Le S^r. de Launay-Villermois et son frère, tous deux en estat de servir,	2,000 l.	non mariés.
MARGRÉ.	Néant.		
S^{te}.-FRAGUAIRE.	Roger de Clin-champs, Louis de Clinchamps son frère,	500 l.	sans enfans.
ESTOUVY.	Néant.		
BESLON.	Le Sr de Beauma-noir Billeheust, âgé de 60 ans,	800 l.	3 fils dont 2 en estat de serv.
—	Louis de Bois-Adam,	100 l.	sans enfans.
ST.-SEVER.	Le S^r. de Gouvetz,	200 l.	sans enfans en estat de servir.

Paroisses.	Gentilzhommes.	Revenu.	Enfans.
SAINT-SEVER.	Pierre de La Val-lette,	200 l.	id.
	Gabriel de la Croix,	300 l.	un fils id.
—	Louis Gaultier,	1,000 l.	sans enfans en estat de servir.
—	La veuve de Guil-laume de Gouvetz	250 l.	sans enfans.
—	La veuve de Jean de La Valette,	200 l.	id.
CHAMP-DU-BOUT.	Néant.		
LE TRONCHET.	Id.		
ST.-MAUR.	Le S^r. du Mesnil Adelée,	250 l.	id.
STE.-CÉCILE.	Hugues et Louis de Bois-Adam,	350 l.	id.
—	La Damoiselle veuve de Jacques de Bois-Adam,	200 l.	sans enfans en estat de servir.
GATHMO.	Néant.		
CLINCHAMPS.	La Dame veuve du feu S^r. comte de Clinchamps,	10,000 l.	id.
—	Louis de La Croix.		

Paroisses.	Gentilzhommes.	Revenu.	Enfans.
BOISBENASTRE.	Néant.		
LA CHAPELLE-ASSELIN.	Georges de Bille-heust,	1,200 l.	1 fils en estat de serv.
—	François de Billheust,	300 l.	sans enfans.
ST.-MANVIEU.	Le S^r. du Pas de la Vente,	1,000 l.	un fils en estat de servir.
—	Le S^r. de Fleuri-mont, âgé de 70 ans,	50 l.	id.
LE GAST.	Le S^r. chevalier de Brecey exempt des gardes du Roy,	3,000 l.	au service.
COURSON.	La Damoiselle veuve du S^r. de Langevinière Le Duc,	200 l.	sans enfans en estat de servir.
—	Le S^r. de La Tem-plerie,	200 l.	non- marié.

Paroisses.	Gentilzhommes.	Revenu.	Enfans.
—	Noël Joseph Le Duc,	200 l.	non marié.
—	La Damoiselle veuve du S^r. de La Villerie,	500 l.	sans enfans en estat de servir.
SEPT-FRÈRES.	Le S^r. Président de Bois Olivier.		
—	La Dame veuve du S^r. de Bois Olivier.		
—	Le S^r. Desmonts, garde marine,	3,000 l.	sans enfans.
ST.-AUBIN.	Le Sr de Marseul,	500 l.	id.
FONTENERMONT.	Le S^r. de Bois-Yvon Du Mesnil,	800 l.	id.
—	François de La Valette.	200 l.	2 fils en estat de serv.
—	Jean de La Perelle,	1,000 l.	sans enfans.
MESNIL-CAUSSOIS.	Pierre Gaultier,	100 l.	2 fils en estat de serv.
VILLEDIEU.	Le S^r. de Grimouville de la Lande d'Airou, fort âgé,	100 l.	sans enfans.

Paroisses.	Gentilzhommes.	Revenu.	Enfans.
CONDÉ.	Hercule et Claude de Brossart frères,	2,000 l.	sans enfans
—	Nicolas Mareschal,	60 l,	id.
BRÉEL.	Le S^r. de Corday,	600 l.	sans enfans en estat de servir.
PROUCY.	Louis Le Doulcet Pont-Escoulant,	800 l.	sans enfans.
—	Samuel Radulph,	160 l.	id.
—	Estienne Fortin,	2,500 l.	sans enfans en estat de servir.
—	Guillaume Dugué,	1,200 l.	sans enfans.
—	René Hamelin,	10 l.	id.
AUNAY.	Daniel Hamelin,	100 l.	id.
ATHIS.	Le S^r. de Saint-Germain d'Athis,	2,000 l.	un fils en estat de servir.
—	Guillaume-Alexandre Auvray, S^r. du Buat,	1,000 l.	non marié.
—	Robert de Neufville Mesnil-Baclé,	600 l.	sans enfans.
—	Giles de Brebeuf,	500 l.	sans enfans en estat de serv.

Paroisses.	Gentilzhommes.	Revenu.	Enfans.
ATHIS.	Le Sr. Turgot Bois-Nantel,	600 l.	id.
—	Denis de Graindorge,	600 l.	sans enfans.
BERJOU.	Jacques Poret, fort incommodé en sa personne,	100 l.	id.
—	Le Sr. de Louviers-Poret,	500 l.	id.
—	Le Sr. du Coisel-Poret,	250 l.	sans enfans en estat de servir.
SAINTE-HONORINE.	Le Sr. de Saint-Sauveur, âgé de 70 ans,	6,000 l.	
—	Le Sr. du Sauloé, son fils,	1,000 l.	sans enfans.
—	Isaac Auvray de Bernai, Sr. de la Poupelière,	3,000 l.	deux fils en estat de servir.
—	Nicolas de la Boderie,	1,500 l.	sans enfans.

Paroisses.	Gentilzhommes.	Revenu.	Enfans.
MÉRÉ.	Emond Radulph, fort âgé,	3,000 l.	un fils en estat de servir.
—	La damoiselle veuve du S^r. de Cailly Radulph,	600 l.	trois fils en estat de servir.
—	Isaac des Rotours.		
ST.-PIERRE-DU-RECARD.	Louis-Eléazard Du Theil, S^r. de Samoy.		
—	Louis Du Theil, détenu à Paris,	1,000 l.	sans enfans.
—	Le S^r. Des Briè-res-Harivel,	200 l.	id.
—	Le S^r. de Sourde-val-Harivel,	200 l.	id.
CAHAIGNES.	Jacques de La Va-lette,	200 l.	id.
—	René de La Valette,	200 l.	id.
COULVAIN.	Néant.		
BERNIÈRES.	Jacques du Rozel,	300 l.	sans enfans.

Paroisses.	Gentilzhommes.	Revenu.	Enfans.
BERNIÈRES.	Le S^r. de La Ro-que Bernières pa-ralytique,	8,000 l.	3 fils en es-tat de serv,
—	Le S^r. de La Garan-terie,	4,300 l.	1 fils en es-tat de serv.
—	Le S^r. de St.-Quen-tin,	200 l.	sans enfans.
—	Le S^r. des Groiseil-liers-Cœuret,	160 l.	un fils au service.
RULLY.	Le S^r. de Banville-Burcy,	3,000 l.	sans enfans en estat de servir.
—	Le S^r. Le Doulcet,	1,000 l.	non marié.
MAISONCELLES.	Jacques de Pertou,	1,200 l.	
ONDE-FONTAINE.	Néant.		
BEAUCHESNE.	De Bonne-Chose, écuyer, a déclaré vouloir servir dans le régiment de Flers, com-pagnie de La Forest (1).		

La plupart des familles que nous venons de citer sont étein-tes ou sur le point de l'être ; parmi celles qui se sont perpé-

(1) *Chartrier du château de Flers.*

tuées jusqu'à nos jours, nous mentionnerons les du Rozel, les de Banville, les de La Roque, les des Rotours, les de Baudre, les Lecordier, les Billeheust d'Argenton ; les Radulph, les Neuville, les Sainte-Marie, les La Mariouze, les Saint-Germain, les d'Oilliamson, les Le Doulcet, les Poret, les Saint-Sauveur.

———

XXXVI.

LETTRES-PATENTES

DU ROI

De réunion de la terre de Messei, ci-devant érigée en marquisat, au comté de Flers, et distraction de mouvance sous la dénomination de comté de Flers :

En faveur de messire Ange-Hyacinthe de la Motte-Ango, comte de Flers.

Du mois de mai mil sept cent cinquante-quatre.

« Louis, par la grâce de Dieu, roi de France et de Navarre, à tous présens et à venir, salut. Notre bien amé Ange-Hyacinthe de la Motte-Ango, comte de Flers, nous a fait représenter que par nos lettres données à Versailles au mois de juillet mil sept cent trente-sept, dûment registrées et accordées à Antoinette de Pellevé, veuve de Philippe-René de la Motte-Ango, père et mère de l'exposant, nous avons uni la terre et seigneurie de Flers, la terre et seigneurie de la Lande-Patry et Larchamp, circonstances et dépendances, pour ne faire qu'une même terre et seigneurie, et l'avons érigé en comté, sous la dénomination de comté de Flers, pour être possédée à ce titre par ladite dame veuve de la Motte-Ango et les enfans issus de son mariage avec le feu sieur son époux, et leurs descendans et postérité mâles, nés et à naître, avec faculté de se qualifier comtes de Flers, et de jouir des prérogatives dont jouissent les autres comtes du royaume ; que la mère de l'exposant étant décédée, il se trouve, en qualité d'aîné, propriétaire du comté de Flers ; que depuis qu'il en est en possession il a acquis des enfans et héritiers de Marie-Madeleine le Tellier de Louvois de Barbezieux, duchesse d'Harcourt, épouse de François d'Harcourt, duc d'Harcourt, maréchal de France, la terre, seigneurie et baronnie de Messé, contiguë au comté de Flers, et qui avait été érigée en marquisat en faveur de défunt François-Michel Letellier, marquis de Louvois et de Courtanvaux, secrétaire d'État ; que l'exposant ayant résolu de former un préciput pour l'aîné de ses descendans, il Nous a fait suplier de lui accorder nos lettres d'union de ladite terre et baronie de Messé au comté de Flers, comme aussi de vouloir séparer et distraire ladite terre de Messé de la mouvance de notre grosse tour du Louvre, celle de Flers de la mouvance du domaine de Vire, et celle de la Lande-Patry et de Larchamp de la mouvance du duché d'Alençon, pour tous relever à l'avenir du duché de Normandie. A ces causes, voulant donner audit exposant les marques d'estime et de distinction que méritent les deux familles dont il descend, qui réunissent aux avantages de la naissance et des alliances qu'elles ont contractées, la faveur des services

qu'elles ont rendus dans les différens emplois dont elles ont
été honorées, et particulièrement ceux que Nous a rendus
l'exposant, pendant la dernière guerre, dans nos armées,
étant en Bohême, en qualité de capitaine dans le commissaire-
général de la cavalerie, Nous avons, par ces présentes signées
de notre main, joint, uni et incorporé, et de notre grâce
spéciale, pleine puissance et autorité royale, joignons, unis-
sons et incorporons audit comté de Flers la terre, seigneurie
et baronie de Messé, circonstances et dépendances, ci-devant
érigée en marquisat, par lettres accordées au mois d'avril
1686, par notre très-cher et très-honoré bisayeul de glorieuse mémoire, lesquelles nous avons révoquées et révo-
quons autant que de besoin par ces présentes, de sorte que
toutes lesdites terres ne fassent et composent à l'avenir qu'une
seule et même seigneurie et comté, sous la dénomination de
comté de Flers, érigé sous ledit titre par nos lettres données
à Versailles au mois de juillet 1737, auxquelles Nous n'entendons rien innover par ces présentes, quant à ce qui con-
cerne ladite érection, qu'au contraire Nous avons confirmé et
confirmons; voulons que tous vassaux, arrière-vassaux, jus-
ticiables et autres tenans noblement et en roture des biens
mouvans et dépendans de ladite seigneurie et baronie de
Messé et de sa haute-justice, reconnaissent ledit exposant et
ses descendans pour comtes de Flers; qu'ils fassent leur foi
et hommage, fournissent leurs aveux, déclarations et dé-
nombremens; le cas y échéant, sous lesdits noms, titre et
qualité de comtes de Flers : voulons pareillement que ladite
terre et baronie de Messé soit distraite de la mouvance de
notre grosse tour du Louvre, comme aussi que la terre et
baronie de Flers soit distraite de la mouvance du domaine
de Vire, et les terres et baronie de la Lande-Patry et de Larchamp soient distraites de la mouvance du duché d'Alençon,
comme Nous les séparons et distrayons desdites mouvances,
pour dorénavant, perpétuellement et à toujours relever de

Nous, à cause de notre duché de Normandie, et nous en faire
et prêter les foi et hommage, rendre les aveux et dénombre-
mens, droits seigneuriaux et féodaux accoutumés, qui Nous
seront portés par une même foi et hommage et compris dans
un même aveu et dénombrement, sans toutefois aucuns autres changemens ni mutations, ni que sous prétexte de la
présente réunion, ni de celle ci-devant faite par nos lettres
du mois de juillet 1737, les justices dudit comté de Flers,
desdites baronies de la Lande-Patry et de Larchamp, ni la
haute-justice de ladite baronnie de Messé puissent être cen-
sées réunies; voulons qu'elles demeurent divisées et au même
état qu'elles étaient auparavant, pour être exercées séparé-
ment, sans aucuns changemens ni augmentation de ressort ni
juridictions, sinon que le bailli et les officiers de la justice du
comté de Flers continueront d'intituler à l'avenir leurs sentences, jugements et autres actes, sous le titre de justice du
comté de Flers, et que le sénéchal des baronies de la Lande-
Patry et de Larchamp continuera aussi d'intituler ses sentences et autres actes sous le titre de sénéchal des baronies de
la Lande-Patry et de Larchamp, réunies au comté de Flers,
ainsi qu'il est accoutumé de faire, conformément auxdites
lettres d'union du mois de juillet 1737, et que le bailli et les
officiers de la haute-justice et baronie de Messé intituleront
aussi à l'avenir leurs sentences, jugemens et autres actes,
sous le titre de haute-justice de Messé réunie au comté de
Flers; et enfin sans que pour raison de la présente réunion le
dit exposant, ses enfants et descendans, possédant ledit comté
de Flers, soient tenus envers Nous, ni leurs vassaux et tenanciers envers eux, à autres et plus grands droits et devoirs
que ceux dont ils sont actuellement tenus, ni qu'au défaut
d'hoirs mâles nés en légitime mariage, nous puissions, ou les
rois nos successeurs, prétendre lesdites terres, seigneuries
et comtés, leurs circonstances et dépendances, être réunies
à notre couronne, nonobstant tous édits, déclarations, or-

donnances et réglemens sur ce intervenus, et notamment l'édit du mois de juillet 1566 et les déclarations des mois de décembre 1581 et mars 1582, auxquels Nous avons dérogé et dérogeons par ces presentes, pour le regard seulement, et sans rien innover aux droits et devoirs qui peuvent être dus à d'autres que Nous, si aucuns y a, auxquels droits et devoirs Nous entendons que ces presentes ne puissent aucunement préjudicier; voulons en outre que lesdites terres, seigneuries et baronnies de Flers, la Lande-Patry, Larchamp et Messé, quoique réunies par ces présentes, demeurent néanmoins distinctes en leurs charges, en sorte que les terres et tenures de l'une ne puissent être affectées aux charges, corvées, droits et devoirs de l'autre. Si donnons en mandement à nos amés et féaux conseillers les gens tenans notre cour de Parlement et Cour des comptes, aydes et finances à Rouen, présidens, trésoriers de France et généraux de nos finances à Caën, et à tous autres nos officiers qu'il appartiendra, que ces présentes ils ayent à faire registrer, et de leur contenu jouir et user ledit sr. exposant et ses enfants mâles nés et à naître en légitime mariage, leur postérité et descendans, pleinement, paisiblement et perpétuellement, cessant et faisant cesser tous troubles et empêchemens, et nonobstant tous édits, déclarations, ordonnances, arrêts et réglemens, clameur de haro, charte normande à ce contraires, auxquels et aux dérogatoires des dérogatoires y contenues, nous avons dérogé et dérogeons par ces présentes à cet égard seulement et sans tirer à conséquence, sauf toutefois notre droit en autre chose et l'autrui en tout; car tel est notre plaisir. Et afin que ce soit chose ferme et stable à toujours, nous avons fait mettre notre scel à cesdites présentes. Donné à Versailles, au mois de mai l'an de grâce mil sept cent cinquante-quatre, et de notre règne le trente-neuvième. Signé Louis, et plus bas par le roi, signé Phelipeaux. Visa, signé Machault, et scellé d'un grand sceau de cire verte passé dans des lacs de soie rouge et verte (1).

XXXVII.

Érection de la seigneurie de Messei en marquisat en faveur de Messire Joseph de Souvré (2) :

« Louis, par la grâce de Dieu roy de France et de Navarre, à tous présens et à venir salut. De tout temps, les roys, nos prédécesseurs, ont accoustumé de décorer de quelques lettres d'honneur ceux qui ont bien servy, ou s'ilz ne l'ont peu faire en leurs personnes, ils ont conféré leurs grâces et bienfaictz à leurs enfans et successeurs, d'aultant plus volontairement que les services de leurs pères et ayeulz ont mérité d'estre recommandables à la postérité affin que, par lettres honorables ou aultrement, la marque en puisse demeurer à la posterité ; c'est pourquoy désirant nous ressouvenir des grands et fidelles services faictz, en temps opportun et nécessaire, par le feu sieur marechal de Souvré au roy Henry troisième, et depuis à nostre feu seigneur et père le roy Henry quatrième et aussy de ceux de ses enfans, et désirant laisser à jamais quelque marque d'honneur à Messire Joseph de Souvré, baron de Messé, fils de Messire René de Souvré, chevalier sieur du Renouard ; et ayant esté bien advertys que ladite baronnie et

(1) *Chartrier du château de Flers.*
(2) *Ibid.*

seigneurie de Messé , qui est de revenu et de valleur annuel
pour le moings de six mil livres et relevant de nous en plain
fief de haubert, à cause de nostre duché d'Alençon , qui luy
appartient, est grande , noble et ancienne, de grande esten-
due, et ayant des foires et marchés , bourgs, villages et
hameaux, et que d'icelle seigneurie rellevent les fiefz, chas-
tellenies et seigneuries de St.-André, Perrières , du Homme ,
du Chastellier , la Grue et fief Houel , et qu'il désire estre érigée en marquisat, affin que à jamais cette marque luy demeure
pour mémoire des services de ses prédécesseurs et de ceux
qu'il espère nous rendre; ayant d'ailleurs d'autres biens et
revenus suffisans de soustenir telle dignité. Scavoir faisons
que nous , pour ces causes et aultres bonnes considérations,
à ce nous mouvans et de l'advis de la Royne , nostre très-
honorée dame et mère jouissant à présent du dict duché
d'Alençon , et de nostre très-cher et unique frère et d'aucuns
princes et seigneurs de nostre conseil et de nostre grâce spécialle , plaine puissance et authorité royalles , avons icelle
baronnie et seigneurie de Messé créé , érigé et ellevé , créons,
érigeons et ellevons en nom, tiltre , dignité et prééminance
de marquisat , pour en jouir par ledit Joseph de Souvré et
ses successeurs et ayans cause plainement, perpétuellement
et à jamais au tiltre de marquis de Messé et que tel se puisse
dire nommer et intituller , tant en jugement que dehors,
jouisse et use de telz privilléges , prééminances , prérogatives,
que ont coustume de jouir les aultres marquis de nostre dit
royaulme. Voullons aussy que les vassaux et arrière-vassaux
et aultres tenans noblement et roturièrement du dit marquisat
pour l'advenir facent leurs hommages et baillent leurs adveux et dénombrement et déclarations de leurs terres et debvoirs deuz au dit marquis de Messé et à ses successeurs
au nom et droit de marquis sans touttefoys que pour la dite
mutation et changement de tiltre et qualité de la dite seigneurie ilz soient tenuz à aultres charges et debvoirs que ceulx

jusques à présent accoustumés. Voullons semblablement et nous plaist que l'exercice de la justice, en touttes matières civilles et criminelles soit faicte au dit lieu de Messé par les juges et officiers du dit lieu comme de tout temps il a esté faict et dont les appelations resortiront au baillage d'Allençon, comme ont faict et peuvent faire les aultres marquis de nostre royaulme et à icelluy marquis de Messé avons permis et permettons faire edifier au lieu qu'il jugera le plus commode, un chasteau ayant douves, pont levis et autres marques de décorations qui peuvent appartenir à ceulx qui sont décorés de tel tiltre, comme aussy faire les chasses et user de touttes les autres franchises, prééminances, droictz et facultez attribuées aux autres marquis, et luy avons, en tant que besoin pourroit estre, confirmé et confirmons les foires, marchés et autres facultez subjectes à confirmation qui sont à présent audit marquisat. Sy donnons en mandement à nos amez et féaux conseillers tenans notre cour de Parlement, à Rouen, au bailly d'Alençon, ou son lieutenant, que de noz présentes lettres de création et d'érection de marquisat de Messé, ilz facent et souffrent le dit de Souvré et ses successeurs et ayans cause jouir plainement, paisiblement et entièrement, sans en ce leur estre mis ou donné ores ni pour l'advenir aucun trouble ou empeschement au contraire, et à ces fins faire lire, publier et enregistrer ces présentes pour y avoir recours quant besoin sera. Car tel est nôtre plaisir. Donné au camp devant Montauban, le XIIe. jour de septembre l'an de grâce mil six cens vingt et un et de notre règne le unziesme.

LOUIS. »

XXXVIII.

Arrêt du conseil d'Etat du 29 mars 1740, concernant le droit de péage réclamé par M. de La Motte-Ango, seigneur de Flers. Il donne quelques détails sur la location de la coutume de Flers :

« Veu par le Roy, étant en son conseil, la requête présentée par le sieur de La Motte-Ango, seigneur de Flers, par laquelle, pour les causes contenues, il fait de très-humbles représentations à Sa Majesté contre l'arrêt du conseil du 17 mars 1739, par lequel arrêt le droit de péage prétendu par le sieur comte de Flers, dans l'étendue du dit comté de Flers, généralité de Caen, a été supprimé avec très-expresse inhibition d'en continuer la perception, sous les peines y portées ; par laquelle requête ledit sieur de La Motte Ango déclare entre autres choses que le droit de *poudrage* n'a aucun rapport à celui de *pulvérage* qui s'exige en d'autres provinces ; titres et pièces visés dans ledit arrêt et ceux joints à ladite requête, scavoir copies collationnées et légalisées de cinq aveux rendus au Roy le 16 mars 1496, 30 avril 1516, 28 mars 1521 et 23 juin 1551 pour raison de la baronnie de Flers dans lesquels sont énoncés des droits de levage et de coustume, de foire et de marchez, un droit de levage et de coustume sur tous ceux qui désaisissent la dite baronnie d'aucunes denrées avec le droit de *poudrage* une semaine en l'an le jour de St.-Georges, trois jours devant et trois jours après des passants et repassants par la dite baronnie ; copie collationnée et légalisée d'un bail fait le 30 octobre 1659 de la même coustume du comté de Flers consistant en mesurage des bleds, étalage, travers et désaisie pour trois années, moyennant 600 livres ; pareille copie d'un autre bail fait le 22 novembre 1676 des droits de coutume et travers du comté de Flers et autres droits y joints, semblable copie d'une déclaration et dénombrement rendu au Roy le 19 mai 1685, pour raison du comté de Flers, dans lequel sont énoncés des droits de foires, marchés et coutumes et travers du bourg de Flers, ponts et passages qui en dépendent ; copie collationnée et légalisée d'un arrêt sous signature privée du 17 aoust 1689, par lequel le sieur Lefèvre des Chenaillers fondé de procuration des créanciers du sieur marquis de Guitry, adjudicataire de l'usufruit et revenu du comté de Flers, a donné à l'église St.-Germain de Flers, pour aider à bâtir la tour, la coutume et travers du dit lieu, avec celle de la halle aux toiles, à commencer de ce jour jusqu'au premier octobre suivant.

Ouy le rapport du sieur Orry, conseiller d'État, contrôleur général des finances le Roy estant en son conseil, conformément à l'avis des sieurs commissaires, sans avoir égard aux représentations du sieur de La Motte Ango, a ordonné et ordonne que l'arrêt du conseil du 17 mars 1739 sera exécuté, selon sa forme et teneur ; fait Sa Majesté très-expresses, itératives inhibitions et défenses au dit sieur de La Motte Ango de percevoir aucun droit sur les bestiaux, vins, denrées et marchandises passans au dit lieu de Flers et dans l'étendue de la dite seigneurie à titre de péage ou sous quelque dénomination que ce soit ; déclare Sa Majesté qu'il n'a point été statué sur les droits, si aucuns sont dus, sur les denrées et marchandises vendues ou achetées au dit lieu de Flers ; non plus que sur le droit de poudrage, en tant qu'il ne sera pas perçu sur bestiaux et marchandises, ni sur le droit de foires et marchés, attendu que les dits droits ne sont pas sujets à la modification ordonnée par l'arret du conseil du 29 août 1724.

Fait au conseil d'État du Roy ; Sa Majesté y estant, tenu à Versailles, le 29 mars 1740. Signé : Amelot (1).

———

XXXIX.

Voici toute une correspondance de *Voltaire*, à l'occasion d'un procès avec M. *de La Motte Ango*, procès qui rappelle sa longue discussion avec le Président de Brosses. En fait de chicane, quoi qu'il en dise, Voltaire en aurait remontré au plus habile procureur de son temps. Jamais avarice n'eut à sa disposition un esprit plus fécond en expédiens, une plus déplorable adresse pour dénaturer les faits, une ironie plus naturellement insolente. Son procédé, il nous l'a fait connaître : « Il faut se *remuer*, se *tremousser*, *agir*, *parler et l'emporter.* » « Aussi je gémis, lui écrivait le Président de Brosses, de voir un si grand génie, avec un cœur si petit, sans cesse tiraillé par des misères de jalousie ou de lésine. »

La première de ces lettres, adressée comme toutes les autres à M. de Cideville, porte la date du 4 octobre 1758 (2).

(1) Archives du Calvados. *Fonds de l'Intendance.*

(2) Correspondance générale de Voltaire.

« Aux Délices, le 4 octobre.

Que les Russes soient battus, mon cher et ancien ami ; que Louisbourg soit pris ; qu'Helvétius ait demandé pardon de son livre ; qu'on débite à Paris de fausses nouvelles et de mauvais vers ; que le Parlement de Paris ait fait pendre un huissier, pour avoir dit des sottises; ce n'est pas ce dont je m'inquiète ; mais M. *Ango de La Motte* et quatre années qu'il me doit, sont le grave sujet de ma lettre. Peut-être M. Ango me croit-il mort ; peut-être l'est-il lui-même ? S'il est en vie, où est-il ? S'il est mort, où sont ses héritiers ? Dans l'un et l'autre cas, *à qui dois-je m'adresser pour vivre ?*

Pardonnez, mon ancien ami, à tant de questions ; je me trouve un peu embarrassé ; j'ai essuyé coup sur coup plus d'une banqueroute. Notre ami Horace dit tranquillement:

« Det vitam, det opes, animum æquum mi ipse parabo. »

Vraiment je le crois bien. Voilà un grand effort ! il n'avait pas affaire à la famille de Samuel Bernard, et à M. Ango de La Motte. Ce petit babouin crut faire un bon marché avec moi, parce que j'étais fluet et maigre. *Vivimus, tamen* et peut-être Ango *occidit* dans son marquisat.

Qu'il soit mort ou vivant, il me semble que *j'ai besoin d'un honnête procureur normand. En connaîtriez-vous quel-qu'un dont je puisse employer la prose ?* Adieu. Je vous embrasse. »

La seconde lettre est datée du 28 du même mois d'octobre :

Mon cher et ancien ami, j'ai peur que vous n'ayez pas reçu un billet adressé dans la rue St.-Pierre à Paris, et par renvoi, à votre terre de Launai, si vous n'étiez pas dans la grande vilaine ville. Il s'agissait de savoir si votre *marquis Ango de La Motte Lezeau* est mort ou en vie; s'il a un domicile à Rouen; s'il faut écrire au château de Lezeau (1); où est ce beau château; en un mot, comment il faut faire pour se faire payer d'une dette de quatre années d'arrérages, de laquelle Ango ne me donne aucunes nouvelles. *Licet miscere seria cum jocis.* Il ne faut pas abandonner le demeurant : *rem suam deserere turpissimum est*, dit Cicéron. Si Frédéric est aussi bien frotté qu'on le dit, je ferai relier ensemble l'histoire de Pyrrhus et Picrochole : la sienne est la fable du pot au lait.

Écrivez-moi des nouvelles d'Ango de La Motte Lezeau, mais surtout des vôtres. Que dites-vous de l'esprit d'Helvétius?

Je vous embrasse tendrement. »

Le 10 novembre il lui écrit encore :

« Mon affaire avec le marquis Ango est fort sérieuse, mon cher et ancien ami; mais vous l'avez rendue si plaisante par votre aimable lettre, que je ne peux plus m'affliger. Le *constat de cadavere* me fait encore pouffer de rire. Je crois ce puant marquis bien en colère que je vive encore et que j'aie douté de son existence. Ce petit gnome ne vous a donc pas répondu?

(1) La Motte Lezeau, proche Argentan.

*Je le ferai ester à droit, de pardieu, fût-ce dans Argentan
en Basse-Normandie.* Je vous suis doublement obligé de vos
bons conseils et de vos plaisanteries.

*Je vois qu'il n'est pas aisé de trouver un procureur hon-
nête homme*, encore moins un marquis qui paie ses dettes.
Cet *Ango* doit être furieusement grand seigneur; car non-seulement il ne paie point ses créanciers, mais il ne daigne pas
leur faire civilité. Cet Ango n'est point du tout poli.

Je vous embrasse de tout mon cœur. »

Le 25 novembre il revient à la charge :

« Votre amitié pour moi a donc la malice, mon cher ami,
de tarabuster le marquis Ango et de lui faire sentir que quelquefois les plus grands seigneurs ne laissent pas d'être obligés
de payer leurs dettes, malgré les grands services qu'ils rendent
à l'État. Il ne veut pas m'écrire; vous verrez qu'il s'est rouillé
en province. *Cependant un bas-normand peut hardiment
écrire à un suisse.* Le petit bon-homme de marquis veut donc
me donner une assignation sur son trésor royal, et, de quatre
années, m'en payer une, à cause des dépenses qu'il fait à la
guerre ! Je ferai signifier à Monseigneur que je ne l'entends
pas ainsi, et que, lui ayant joué le tour de vivre jusqu'à la fin
de cette présente année, je veux être payé de mon *dû* ou *deu.*
On écrivait autrefois *deu* ou *dub*, parce que *dû* est toujours
dubium; mais *dû*, ou *deu*, ou *dub*, il faut qu'il paie, et point
d'argent point de Suisse. Et M. le Surintendant Leroux aura
beau faire, je ferai brèche à son trésor, car je bâtis une terre,
non pas un marquisat comme La Motte, non un palais comme
le palais d'Ango, mais une maison commode et rustique, où
j'entre, il est vrai, par deux tours entre lesquelles il ne tient

qu'à moi d'avoir un pont-levis ; car j'ai des machicoulis et des meurtrières, et mes vassaux feront la guerre à La Motte Ango, etc. »

Enfin, dans une dernière lettre du 12 janvier :

« Notre odoriférant marquis, écrit-il, a fait un effort qui a dû lui coûter des convulsions : il m'a payé mille écus, par les mains de son receveur des finances. Il faudra que je présente quelquefois des requêtes à son grand-consul. Si le marquis savait que j'ai acheté un beau comté, il redouterait ma puissance et traiterait avec moi de couronne à couronne. »

———

XL.

Nous avons dit quelques mots des essais agricoles de M. de Redern. Voici une notice rédigée par lui, qui a le mérite de nous faire connaître ce qu'était l'agriculture, en 1810, dans une partie de l'arrondissement de Domfront :

« Une partie de l'arrondissement de Domfront se ressent, à plusieurs égards, du défaut de grandes routes et de communications habituelles avec le reste de la France. Les habitans n'ont participé que très-imparfaitement aux progrès des arts et de la civilisation.

La routine usitée en agriculture en fournit une preuve très-frappante, entre bien d'autres, et l'on n'a pas même profité encore de l'exemple d'une meilleure culture que les environs de Caen offrent à l'œil le moins observateur.

Plusieurs auteurs qui ont écrit sur l'économie politique, ont affirmé que la division des propriétés est favorable à l'agriculture. Cette question, prise généralement, est au moins douteuse. La vérité est que, dans ce canton, la grande division des propriétés en a entravé les progrès. Non-seulement les fermes sont trop faibles, mais souvent même les pièces de terre sont trop petites. Les clôtures multipliées empêchent l'accès de l'air et du soleil, et les ronces et les vignons des haies empiètent toujours sur le champ d'un propriétaire peu soigneux.

Beaucoup de fermes portent moins de 300 fr. de fermages; les plus fortes sont de 2,500 fr. et l'on ne trouve que difficilement à bien affermer celles qui dépassent 1,000 à 1,200 fr., parce que la classe des fermiers est sans moyens et que les petits propriétaires du pays ne sont nullement tentés de devenir fermiers de fermes très-exiguës, mal bâties, mal tenues, et dont l'exploitation ne peut ni tenter la cupidité, ni flatter l'amour propre, ni même donner l'espérance de faire une chose bonne et utile à l'homme à qui des motifs plus nobles ne seraient pas étrangers. Les bâtimens de la plupart des fermes sont établis d'une manière diamétralement opposée à toute idée de salubrité, d'ordre, de propreté et même de conservation des productions de la terre. Le fermier habite ordinairement, avec tout son monde, dans une cuisine de 12 à 15 pieds en carré, sans lumière et sans air, humide, parce qu'elle est au-dessous du niveau du sol et qu'il n'y a ni carreaux, ni plancher. Il n'a ni grenier pour serrer son blé, ni cellier pour loger son cidre dans les années un peu abondantes : faute de granges, il bat son blé immédiatement au sortir de la récolte. Le besoin et le défaut de place l'oblige presque toujours à vendre ses denrées dans le moment le plus défavorable de l'année. On ne connaît pas les cours entourées de murs. Les bâtimens sont dispersés, sans ordre, dans ce qu'on appelle le plant. Les bestiaux ne trouvent de refuge contre l'hiver que dans de mauvaises étables, sans jour et sans ouvertures. Les charrettes et les instrumens d'agriculture n'ont d'autre couvert que le ciel.

En général, le nombre des bestiaux est hors de proportion avec la contenance des terres, et le cultivateur roule dans un cercle vicieux : c'est de mal cultiver et de mal fumer, parce qu'il a trop peu de bestiaux, et de se voir hors d'état d'en entretenir un plus grand nombre, parce que sa ferme ne produit pas assez pour en nourrir davantage.

La nourriture du fermier consiste essentiellement en bouillie et pain de sarrasin ; en soupe aux choux assaisonnée avec de la caudelée : c'est ainsi qu'on appelle du lait aigre, très-vieux et couvert de moisissure. Ce régime insalubre et la malpropreté des habitations donnent naissance aux fièvres fréquentes qui désolent ce canton et qui ne sont nullement un effet de la qualité de l'air.

Le sarrasin constitue la culture principale du canton ; elle a amené l'usage de la poudrette, dont la plupart des cultivateurs se servent pour cette espèce de blé, en guise d'engrais. Le sac de poudrette coûte, avec le transport, au moins 3 fr. 50 ; on en met 30 à 40 sacs par acre, ce qui fait une mise de 100 à 140 fr. environ. Il n'en reste aucun effet l'année d'après. C'est une espèce de loterie peu avantageuse même dans les bonnes années; dans les années de sécheresse, la poudrette brûle tout et l'on ne retrouve pas ses frais. Il en résulte d'ailleurs deux inconvéniens inévitables : c'est que, n'ayant pas l'usage de faire du fumier avec la paille de sarrasin, le fermier manque toujours de gros fumiers, et qu'il ne peut jamais compter sur un revenu sûr et réglé. On est si peu habitué à se servir de gros fumiers, que beaucoup de gens les brûlent pour en répandre les cendres sur leurs terres.

On fait quelques froments, du seigle, de l'avoine, un peu de chanvre. Le trèfle commence à prendre. L'exemple que j'ai donné a décidé les habitans de St.-Bosmer à en faire l'essai qui a très-bien réussi. J'ai aussi profité de tous les renouvellemens de baux pour obliger mes fermiers à la culture du trèfle.

La culture des plantes légumineuses en grand est encore inusitée. On ne manque pas de prairies, et la plupart sont susceptibles d'irrigation ; mais on y laisse les eaux trop longtemps, de sorte qu'on trouve des joncs et des plantes marécageuses dans les meilleurs fonds. On ne connaît pas l'usage du fumier pour les engraisser.

Les terres sont divisées en trois soles : les blés d'hiver, les sarrasins en mars composent les deux premières, et les genêts la troisième. Un tiers des terres labourables est, par conséquent, habituellement en friches ou, si l'on veut, en jachères ; souvent même moitié, parce que les fermiers, manquant de fumier, laissent des champs en herbages où les genêts dominent. Les genêts ne sont point une culture destinée à la nourriture des bestiaux, comme dans une partie de la Bretagne, ou servant de combustible, comme dans les pays où le bois est très-cher. C'est un résultat pur et simple de routine vicieuse, de négligence et de l'impuissance de mieux faire. Au bout de trois années de l'assolement, on défriche les genêts à la charrue pour la chauffe du four, et c'est probablement de là que provient l'usage de labourer avec six bœufs et deux hommes, avec de très-fortes charrues, dans un pays où les terres sont généralement meubles de nature. Le sol montre presque partout une décomposition de roche granitique, de grès et de schiste argileux. Les plus mauvaises terres sont encore susceptibles d'une bonne culture, excepté dans les parties élevées, où la roche et trop à découvert.

Une de mes premières idées, en arrivant dans ce pays, a été de prendre une de mes fermes en main et de prêcher d'exemple en améliorant la culture. Celle de la *Chevallerie* attachée à la forge de *Varenne* m'en présenta bientôt l'occasion. Le fermier, se trouvant sur le point de faillir, ne demandait pas mieux que d'abandonner son bail. Mais elle était si complètement ruinée que j'ai trouvé tout à faire.

J'ai commencé par l'agrandir, en faisant l'acquisition de quelques petits domaines voisins ; j'ai relevé les haies, presque toutes tombées en ruine, en supprimant celles qui morcelaient trop les terres ; j'ai restreint la culture du sarrasin, détruit les genêts, supprimé les jachères, augmenté le bétail et les fumiers ; étendu la culture du gros blé, introduit celle du trèfle et de l'avoine en grappe qui viennent très-bien ; soigné les prés, bâti des granges et une cour de ferme entourée de murs ; enfin, j'ai construit une bonne maison manable, composée d'un premier pour habitation sur un demi-souterrain destiné à faire cellier et laiterie. Malheureusement elle ne sera en état d'être habitée que l'année prochaine. J'ai eu, cet automne, sept personnes, domestiques de la ferme ou enfans que j'y fais élever, malades de fièvres bilieuses et pernicieuses, toutes couchées dans la même cuisine et dont la convalescence est encore incertaine. Je suis persuadé que si la maison neuve eût été habitable cette année, les maladies auraient été légères et les convalescences promptes.

Ce n'est que dans deux ans que je parviendrai à déterminer un assolement convenable, dans lequel je comprendrai la culture des plantes légumineuses pour la nourriture des bestiaux.

Tout cela n'est encore qu'ébauché ; mais quoique l'année ait été mauvaise dans ce canton, j'ai eu cependant de meilleures récoltes que tous mes voisins. Malgré cela, à moins d'être cultivateur par état, on trouve peu d'avantage direct à entreprendre des améliorations de culture, surtout dans de petites propriétés, si l'on comptait pour rien la satisfaction de servir l'intérêt public. C'est un faible commencement, qui, j'espère, aura des conséquences utiles pour le pays que j'habite ; mais dont j'aurais presque honte d'entretenir M. le Préfet, s'il ne m'avait pas demandé des renseignemens à cet égard (1).

Cte. DE REDERN.

Au château de Flers,

Le 22 décembre 1810.

(1) Cette notice inédite fait partie de la collection de M. Léon de La Sicotière.

ERRATA.

Page 57, ligne 1re., au lieu de *des Guises*, lisez : *des Guise*.

Page 72, note 1, au lieu de *vicomte du nom*, lisez : 6me. *du nom*.

Page 142, à la note, au lieu de *par séries*, lisez : *par Scriés*.

Page 154, ligne 12, au lieu de *igorans*, lisez : *ignorans*.

Page 158, ligne 18, après *siècle*, mettez une *virgule*.

id., ligne 19, écrivez *tous* sans majuscule.

Page 212, ligne 14, au lieu de 1404, lisez : 1505.

id., ligne 4, au lieu de *cultera*, lisez : *cultura*.

Page 255, ligne 5, au lieu de *en vertu que*, lisez : *en vertu des pouvoirs que*.

TABLE DES MATIÈRES.

—

CHAPITRE I.

CHAPITRE II.

CHAPITRE III.

CHAPITRE IV.

CHAPITRE V.

CHAPITRE VII.

CHAPITRE VIII.

CHAPITRE IX.

CHAPITRE X.

Caen, typ. de A. Hardel.—Mars 1855.

www.ingramcontent.com/pod-product-compliance
Lightning Source LLC
Chambersburg PA
CBHW051513050726
47595CB00002B/299